AF389697

TRAITÉ

DE LA TAILLE

DES ARBRES,

ET

DE LA MANIERE

DE LES BIEN ELEVER;

Avec un nouveau Traité de la culture des Melons.

Par RENE' DAHURON,
Jardinier de S. A. S.^me
MONSEIGNEUR

LE DUC

DE BRUNSWIC

ET LUNEBOURG.

Enrichi de Figures en Taille-douce.

Suivant la Copie.

A CELL.

Et se vend à LIEGE, Chez J. F. BRONCART
en Souverain-Pont. 1699.

AVIS
AU
LECTEUR.

JE ne me serois pas hazardé d'écrire ce discours de la Taille des Arbres, si je n'a-vois remarqué qu'entre tant d'Auteurs, qui ont traité des Jardi-nages, il n'y en a pas un, du moins qui ait paru à mes yeux, qui se soit ex-pliqué nettement sur ce sujet. Je ne pretens pas rencherir sur plusieurs sçavans hommes, qui en ont écrit, ni me vouloir ériger en Auteur, & j'ay encore moins la temerité de les vouloir critiquer.

De plus, j'avoüe de bonne foy,

AVIS

que ce que je produis icy n'eſt que le
fruit de quelques leçons que j'ay re-
tenuës de feu Monſieur de la Quin-
tinye, des plus illuſtres de ſa profeſ-
ſion ; & comme apparemment ſes
ouvrages ſeront un jour imprimez,
on ne doit pas être ſurpris, ſi l'on
y trouve tout ce que j'en ay pû recueillir icy. Ce qui m'a porté à
mettre la main à la plume, eſt le
chagrin que j'ay de voir, que la culture des plus beaux ornemens de
nos Jardins, qui ſont les Arbres
fruitiers, n'eſt entenduë que de peu
de gens ; & même j'oſe avancer,
que beaucoup de Jardiniers des plus
anciens ignorent encore aujour-
d'huy la ſcience qui leur eſt la
plus neceſſaire.

Je ne dis pas cela ſans fonde-
ment, puis que pluſieurs perſonnes
raiſonnables avec qui j'ay eu l'avantage de converſer, m'ont avoüé
qu'elles avoient bien coupé des arbres, mais qu'elles n'en avoient ja-

AU LECTEUR.

mais taillé ; tout homme étant capable de couper, mais non pas de ce que l'on appelle tailler. Tout homme peut couper une piece d'étofe, mais il n'en pourra pas faire un habit. De même toute personne peut couper un arbre, mais non pas le tailler ; la taille se devant faire avec beaucoup de discretion. Car il n'y a pas une seule branche dans l'arbre, dont il ne faille sçavoir pourquoy elle y est, & ce que l'on en doit faire ; ce qu'il n'est pas difficile de connoître, si l'on veut se donner la peine d'en faire la recherche ; & c'est ce que je pretens faire voir par le discours suivant.

TABLE

Fin de la Table.

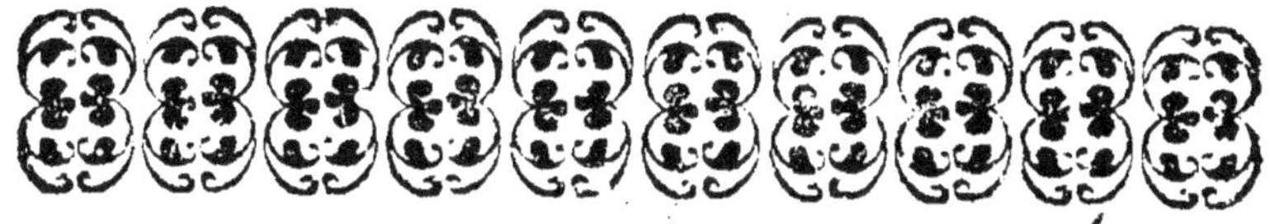

TRAITÉ
DE LA TAILLE
DES ARBRES.

Avec la maniere de les bien
élever.

De la Taille.

Ans la Taille des Arbres il y
a quatre choses principales à
examiner.

I. Ce que c'est que tailler.
II. Pour quelle raison on taille.
III. En quel temps on doit tailler.
IV. De quelle maniere il faut tailler.

I.
Ce que c'est que tailler.

C'Est ôter sagement les branches
superfluës d'un arbre, & racour-

A

cir celles dont l'on a besoin, pour en faire la figure.

II.

Pour quelle raison on taille.

DEux raisons nous obligent à tailler. La premiere est pour faire rapporter une plus grande quantité de beaux fruits à l'arbre, qu'il ne feroit s'il n'étoit pas taillé. Car souvent un arbre qui ne sera point taillé rapportera plus de fruit qu'un autre qui le fera ; mais le fruit ne sera pas si beau. La seconde raison est pour rendre l'arbre plus agreable à la vûë, & mieux formé qu'il ne l'est, quand on ne le taille pas.

III.

En quel temps on doit tailler.

ON peut toûjours tailler depuis le mois d'Octobre jusqu'au mois d'Avril, c'est à dire depuis que la feüille tombe, jusqu'à ce qu'elle renaisse, en commençant par les plus foibles, parce que la féve qui se répand durant l'hyver dans les branches inutiles, est obligée de s'arrêter aux branches qui restent.

Il faut finir par les plus forts, parce que la féve étant exitée par la chaleur de la terre que le Soleil luy communique au Printemps, elle sort abondamment des racines, & s'éleve jusqu'à la plus haute extremité de l'arbre, qui est son centre durant l'Eté ; & ainsi attendant que les feüilles commencent à renaître, une partie de sa vigueur étant portée à cette extremité, on luy ôtera une partie de ses forces.

IV.

De quelle maniere il faut tailler.

IL faut sçavoir que dans l'arbre il y a deux sortes de branches, qui sont les grosses & les menuës. Entre les unes & les autres il y en a de bonnes & de mauvaises. Les bonnes grosses s'appellent branches à bois, les bonnes menuës, branche à fruit. Il y a une troisiême sorte de branches, qu'on appelle branches de faux bois.

De la connoissance du lieu & de l'ordre des Branches.

ON connoît les branches pourvû que l'on sçache en quel lieu & en quel ordre elles doivent venir pour être bonnes.

Il faut donc remarquer que la branche coupée de l'année precedente en doit pousser d'autres à son extremité ; & que l'ordre de la nature veut que celle de l'extremité soit plus grosse que la seconde en descendant, la seconde plus grosse que la troisiême, & ainsi jusqu'à la derniere. Que si elles viennent autrement, elles sont branches de faux bois.

Nous appellons branches de faux bois celles qui croissent dans les endroits où on ne les attendoit pas ; & venant contre l'ordre cy-dessus prescrit, nous les traitons comme rebelles, en les ôtant, ou les taillant de maniere, qu'elles nous puiſſent être utiles.

De plus il faut remarquer qu'en quelque endroit que vous coupiez une branche, il y en doit toûjours pouſſer une autre ; à moins que ce ne fût quelque vieille branche ; & ſçachant l'ordre comme elles doivent venir, vous pouvez les diſpoſer de la maniere que vous ſouhaitez de les avoir.

Nous n'ôtons pas toûjours toutes les branches, particulierement à un arbre vigoureux. Nous laiſſons dans le milieu quelques branches fortes de faux bois, pour attirer la féve durant deux ou trois ans, ce que nous appellons VENTOUSE, comme tirant la trop grande humeur des arbres, & on les obligera par là à ſe preparer à fruit. Car on ne voit que rarement ces ſortes d'arbres ſi vigoureux rapporter abondance de fruits, ſe jettant tout en bois. Par exemple la Virgouleuſe qui ne rapporte que ſur la fin de ſon âge, ſi elle n'eſt aidée par les moyens que je viens de dire.

De la longueur des Branches à bois.

AYant posé que nous sçachions en quel lieu, & en quel ordre les branches doivent venir pour être bonnes, nous n'avons qu'à examiner l'arbre que nous voulons tailler, s'il a les proportions qu'il doit avoir. Etant assurez que quelque longueur que nous laissions à nos branches, elles n'en pousseront d'autres qu'à leur extremité, nous regardons à les placer de maniere, qu'elles fassent la figure que nous souhaitons, & disposant la branche que nous esperons pour bois dans l'endroit le plus vuide de l'arbre. On regarde à la branche coupée l'année precedente, combien elle en a poussé d'autres, & il faut croire que celle que nous laisserons nous en donnera autant cette année. Et comme nous disons que les grosses branches sont pour bois, ce sont celles que nous devons conserver pour figurer nos arbres, & nous devons leur laisser

autant de forties, c'eft à dire d'yeux
que nous croyons qu'il en doit pouffer de branches. Et comme les branches que nous laiffons pour bois, en
pouffent toûjours plufieurs, nous
gardons celle d'en-haut qui eft la plus
groffe pour bois, & nous luy laiffons
ordinairement 7. 8. & 10. pouces, à
moins qu'il n'y ait quelque endroit
vuide que nous voulions garnir.

De la longueur des Branches à fruit.

COmme nous avons dit que les
branches coupées de l'année precedente en doivent pouffer d'autres à
leur extremité, & que celle d'enhaut
qui eft ordinairement la plus groffe
doit être regardée comme branche à
bois ; celles qui viennent au deffous,
qui font plus foibles, font celles que
nous confervons pour fruit. Nous regardons à les placer de maniere qu'elles ne fe nuifent point les unes aux
autres ; & comme celles-cy en repouf-

fent d'autres à leur extremité, quand elles ne font que foibles, nous les coupons au même endroit, où elles avoient été coupées l'année precedente, en ne leur laiffant point de fortie enhaut. Nous obligerons par là la féve à retrograder & ainfi à fortifier les yeux qui font fur ladite branche ; & nous appellons cetté maniere couper en moignon. Et comme les branches qui font un peu plus fortes en pouffent d'autres, ne pouvant pas s'artéter encore à fruit, nous leur laiffons un œil, pour leur procurer une fortie, afin qu'une partie de la féve fe jettant dans cette fortie, laiffe la liberté aux autres qui font au deffous, de fe former à fruit ; & cette maniere s'appelle tailler à demy bois, parce que nous la pouvons aprés conter entre les branches à bois. Il arrive quelquefois que la branche de l'extremité, que nous attendions pour bois, vient beaucoup plus foible que la feconde au-deffous ; quand cela arrive, il faut

changer l'ordre, & conter la foible
pour fruit, & la grosse pour bois.
Quand on ôte une branche en quelque part que ce soit, il faut regarder
auparavant où nous avons besoin
d'une autre, afin de disposer celle qui
en doit venir, à garnir le lieu qui nous
paroît vuide, en luy laissant le talon
du côté que nous voulons avoir la
branche. Nous appellons cette maniere, COUPER EN ERGOT. Si nous
n'avons point besoin de branche plus
d'un côté que de l'autre, nous devons
couper la branche que nous voulons
ôter à l'épaisseur d'un écu, pour luy
donner par là occasion de sortir des
deux côtez. De maniere que d'une
branche forte il en renaît deux foibles, qui indubitablement se met-
tront à fruit dans la suite. Quant à
la longueur des branches à fruit, il
faut se regler sur leur force, en leur
laissant 12. 15. jusqu'à 18. pouces,
& quelquefois plus selon la neces-

Des deux fortes d'arbres à fruit en general, Le Buiſſon & l'Eſpalier.

Le Buiſſon.

IL y a au buiſſon quatre choſes à conſiderer.

I. Il faut qu'il ſoit bas de tige. Je ſuppoſe qu'en le plantant on ait pris la precaution de ne luy laiſſer que 9. pouces hors de terre. Des 3. pouces d'enhaut doivent ſortir les branches ; de ſorte qu'il reſtera ſix pouces entre celles de deſſous & la terre, ce qui eſt aſſez d'eſpace pour labourer, & nettoyer les mauvaiſes herbes.

II. Qu'il ſoit rond de tous ſens.

III. Qu'il ſoit ouvert du milieu, afin que l'air & le Soleil y puiſſent penetrer, pour colorer & meurir le fruit plus facilement.

IV. Qu'il ſoit garni de tous les côtez, mais toutefois ſans confuſion.

L'Espalier.

IL faut qu'il soit aussi bas de tige, parce que le pied des murailles ou des planches, contre lesquelles on le met ne serviroit de rien. C'est à quoy il faut prendre garde de bonne heure, afin de les faire garnir dés le commencement. Quand la muraille est haute, on peut mettre un arbre de tige entre-deux, afin de garnir ladite muraille promtement, & profiter de la reflexion du Soleil, qui est une des raisons principales, pour lesquelles on plante les arbres, contre lesdites murailles.

D'ailleurs il faut que les branches soient si bien partagées, qu'il n'y en ait pas plus d'un côté que de l'autre, sans se croiser, ou porter les unes sur les autres, & qu'elles rendent la figure d'un éventail ouvert.

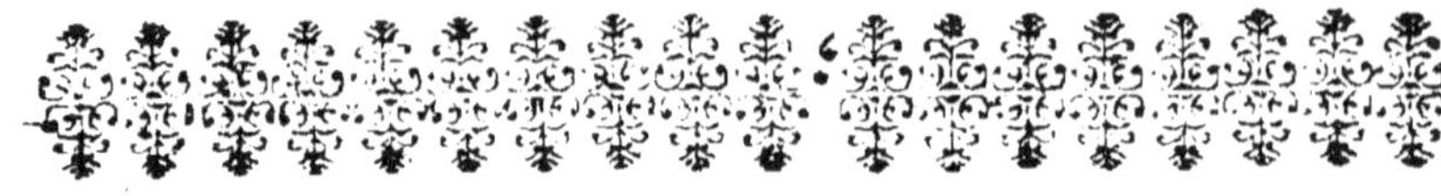

DES MOYENS
DE BIEN ELEVER
LES ARBRES.

AFIN de mieux faire comprendre ce que je viens de dire, j'ay àjoûté à ce difcours douze Tailles douces tirées du naturel ; & pour en donner plus d'intelligence, il faut traiter la chofe de plus loin, & prendre l'Arbre dans fa naiffance.

Je fçay bien que je ne puis rien dire de nouveau ; plufieurs Auteurs ayant pris foin d'informer le public des divers moyens d'élever les Arbres. Je pafferay legerement fur cette matiere, renvoyant le Lecteur à ceux qui en ont écrit ; * & je ne m'y arrêterois point, fi je ne voyois tous les jours

des arbres ſi mal-élevez, qu'il eſt impoſſible d'en rien faire. Je puis dire
ſans offenſer perſonne, que de tous
ceux du pays que j'ay planté, je n'ay
veu que ceux de Hambourg qui ſoient
bons, les autres êtant ſi mal con-
ſtruits, qu'il eſt impoſſible d'en rien
faire. Les uns ſont trop haut greſſez,
pour être nains ; les autres ſi tortus
qu'on ne les peut planter en plein
vent. C'eſt pourquoy je conſeille à
ceux qui voudront faire des plants, de
faire venir leurs arbres d'un endroit
où ils ſoient bien conditionnez, & de
donner plutôt le tiers davantage ; car
de là dépend leur principal accroiſſe-
ment auquel on ne peut plus revenir.
Un mêchant arbre occupe la place
d'un bon, & il faut avoir le même ſoin
de l'entretenir.

* Le Curé d'Eronville.
  Le Jardinier François.
  Le Jardinier Royal.
  Theatre des Jardinages, &c.

Des Pepinieres.

LEs Pepinieres sont des endroits destinez à élever quantité de jeunesse, & d'où les plus grands Princes tirent souvent dequoy occuper des places fort considerables. Cette jeunesse est ordinairement composée de trois differentes éleves ; qui sont les Noyaux, les Pepins, & les Bouteures, ou plants enracinez. Ceux qui sont choisis pour leur éducation ne doivent rien negliger de tout ce qui regarde l'avancement de leurs disciples, afin de se voir bien-tôt en état d'être recompensez de leurs peines. Car je me flatte qu'ils n'auront pas affaire à des ingrats ; plus ils auront eu soin de leur accroissement, plus ils auront de sujet d'être contents de leurs bienfaits, que cette recompense nous excite à les aller chercher jusques dans le neant ; & prions le Tout-puissant qu'il luy plaise de benir nos labeurs, afin que nous en puissions voir du fruit, & que nous en faſſions un bon uſage.

Des Pepins.

LEs Pepins ſe prennent indiffe-remment des poires & pommes, qui ſe mangent ou qui pourriſſent du-rant l'hyver. On en aſſemble autant que l'on croit en avoir beſoin.

Le froid étant paſſé, au moins les grandes gelées, on ſemera ces pepins par rayons dans la terre bien meublée & bien preparée. Les rayons ſe font avec le manche du rateau, ou autre bâton de la profondeur du pouce, ſix dans une planche de terre, large de quatre pieds, ou par rang d'un pied de diſtance. On met les pepins dans le fond de ce rayon à trois pouces l'un de l'autre; étant ſemez on ferme le rayon avec le dos du rateau, à moins que l'on ne voulut ſe donner la peine de tout couvrir de terraux de vieilles couches.

On peut les ſemer dés l'Automne,

pourvû que l'on couvre durant l'hyver, le lieu où ils sont semez, de grand
fumier. Au bout de deux ans ils seront assez forts pour être mis par
rangs, à dix-huit pouces l'un de l'autre, & les rangs de deux pieds de distance, si vous les avez entretenus de
legers labeurs. Si vous en avez semé
par rang, vous en leverez de six, cinq,
& de deux rayons un, afin qu'ils se
trouvent éloignez comme ceux que
je viens de dire. Cette espace est necessaire pour les greffer, & pour les
arracher facilement, afin de n'offen-
ser point les racines les uns des autres.
Ces pepins se trouvent assez forts
pour greffer deux ou trois ans aprés.

Des Noyaux.

LEs Noyaux sont de plusieurs es-
peces. Ceux de Pesche, de Prune, & d'Abricot, se peuvent mettre
dans des pots d'abord que l'on en a
mangé le fruit. On emplit un pot
plein de terre, dans lequel on met six,

ou huit noyaux. On les met l'hyver hors la gelée. Le Printemps êtant venu, ils commencent à fortir. Si l'on veut, on les peut feparer, & les mettre par rayons, comme je diray des Amandes. Le meilleur eſt de les laiſſer dans les pots juſqu'à ce qu'ils foient plus forts, & qu'on les puiſſe mettre dans les places à demeurer, ſi l'on ne veut pas les greffer : parce qu'il y a des eſpeces de Peſches & de Prunes, qui ſont fort bonnes ſans être greffées. Il feroit à ſouhaiter que les fauvageons que l'on veut greffer fuſſent aſſez forts au mois d'Août en fuite pour être êcuſſonnez, ils en reprendroient bien mieux. Si l'on ne veut les mettre dans la terre ſi-tôt que le fruit eſt mangé, ils peuvent être gardez pour être traitez comme les Amandes.

Des Amandes.

LEs noyaux d'Amandes que l'on veut greffer doivent être pris des douces, la féve n'êtant pas ſi revefche que celle des ameres. Avant que de les planter, il les faut faire germer dans du ſable, en les mettant par lits dans un manequin au mois de Novembre. Il faut mettre au fond du manequin un pouce êpais de ſable, ſur lequel il faut arranger les noyaux, de maniere qu'ils ne ſe touchent pas, & que le ſable puiſſe couler entre-deux. Les noyaux êtant ainſi arrangez, on les couvre d'un ſecond lit de ſable, puis de noyaux, en continuant juſqu'à ce que l'on ait rempli le manequin. Il faut que le dernier lit de noyaux ſoit couvert de deux pouces de ſable, afin que la fraiſcheur s'y conſerve. On peut en la place de ſable, ſe ſervir de terraux ou autre terre. Vous mettrez aprés le manequin dans un lieu chaud & humide, comme dans la cave, ou l'enterrerez dans une vieille couche, & prendrez garde que les ſouris ne les mangent.

Les fortes gelées êtant paſſées, il

faut choisir le lieu du jardin le mieux
amandé, le labourer & y faire des ri-
goles de six pouces de profondeur,
larges d'un fer de béche, à deux pieds
l'une de l'autre. Pour ôter les Amandes de la corbeille, il faut la renverser
sans dessus dessous, & les prendre une
à une de peur de rien corrompre ; il
faut arranger au fond de la rigole celles qui sont germées à dix-huit pouces de distance, & celles qui ne le sont
pas, on peu les mettre plus prés a-
prés. S'il y en avoit dont la racine
germée fût trop longue, on peut la
rogner à quatre doits de l'Amande.
Etant toutes arrangées, si on veut se
donner la peine de remplir la rigole de
terraux de vieilles couches bien con-
sommez, elles en viendront bien
mieux, sinon, il faut la remplir legerement de la terre qu'on a tirée du
rayon, & prendre garde de rompre le
germe poussant ; car toute la peine seroit inutile. Les Amandes ayant été
ainsi disposées, & bien entretenuës

de legers labours, & nettoyées des mauvaifes herbes, elles fe trouveront affez fortes pour être greffées vers la fin du mois d'Août de la même année.

Les noyaux de Cerife peuvent être traitez de la même maniere que les pepins de poires & pommes; mais avec plus de fuccés, comme les noyaux d'Amandes.

Toute forte de noyaux peuvent être traitez de la même maniere que les Amandes, mais ils font plus longs à venir. Ils ne peuvent être greffez que de quelque année aprés, particulierement les Pruniers & les Cerifiers.

Des Bouteures & Plants enracinez.

LA Bouteure ne fe fait guere pour greffer que de Coignaffiers, & Pommiers de Paradis. Pour la faire, on prend des branches bien unies de la groffeur que l'on veut, pourveu qu'elle n'excede pas un pouce, parce qu'elle auroit peine à prendre racine. On coupe ces branches, de quinze, ou dix-huit pouces de long. Il les faut planter dans le lieu le plus humide du jardin, aprés en avoir labouré la terre. On fiche ces bâtons par rang six, ou huit pouces avant dans la terre ; si l'on n'aime mieux faire une rigole de six pouces de profondeur, & autant de largeur, dans laquelle on arrange ces bâtons, ou morceaux de branches à neuf pouces l'un de l'autre ; afin que s'ils prennent tous racine, on en puisse lever un entre deux, & le planter autre part. Les ayant ainsi arrangez, vous remplirez la rigole, & les laisserez ainsi, en les entretenant de petits labours, & ôtant les mauvaises herbes, tant qu'ils soient assez forts pour être écussonnez.

Il y a bien des choses qu'on peut élever de bouteure, *mais que l'on ne greffe pas.

* Les Figuiers.
Les Groselliers d'Hollande, & autres.
Les Mirtres. Chevrefeuils, &c.

Les plants enracinez fe prennent aux pieds des coignaffiers, & pommiers de paradis, où ils viennent ordinairement ; on les fepare pour les planter, comme les fauvageons. Il en vient auffi aux pieds & racines de Poiriers, Pruniers, & autres arbres. On les doit planter par rangs, ou en places où ils puiffent demeurer quelques années avant que de les greffer. On peut les greffer auffi où on les trouve, quand ils ne nuifent pas ; mais le plus feur, eft de les lever quelques années devant que de les greffer. On trouve quelquefois des fauvageõs dans les bois, dont on fe fert pour greffer ; je ne les eftime guere, attendu qu'étant levez dans des lieux arides, il faut bien du temps avant qu'ils foient accoûtumez dans les terres cultivées ; la féve en eft trop revefche pour que la greffe y prenne facilement.

Des Greffes en general.

LE premier homme ayant par sa defobeïffance êté banni du jardin d'Edem, où fon Createur l'avoit mis, la terre pour l'horreur de fon crime ne luy donna plus que des arbres pleins d'épines, au lieu des fruits delicieux qu'elle luy fourniffoit. Le fouvenir des plaifirs qu'il a eu à manger de ces fruits, luy a fait trouver les moyens d'obliger les arbres par fon travail à luy redonner ce qu'il avoit perdu par fon peché; il l'a fait avec tant d'empreffement, qu'il a êté foüiller les Forets les plus affreufes, & en a tiré plufieurs fortes d'arbres extraordinaires, * que la nature avoit pris foin

* L'Amadotte, a êté trouvée dans une foreft de Bourgogne.
L'Ambrette conferve encore les épines de fon naturel fauvage.
Le Befy-d'hery, porte le nom de fauvageon qu'on nomme en Bretagne & en plufieurs autres provinces Befy, ou Bezier; & d'Heri qui eft le nom d'une foreft en Bretagne. ou elle a êté trouvée.
Le Befy de Queffoy vient de la foreft de Queffoy en Bretagne.
La Pomme d'Apie a êté prife dans la foreft de fon nom.

foin de luy cacher. ne fe contentant pas de ceux là, il en a été chercher dans les regions les plus éloignées ;* & en a fait un fi grand amas d'efpeces differentes , qu'elles vont prefque à l'infini.   Pour en augmenter le nombre . il s'eft fervi de tout ce que fon induftrie luy a pû fournir. Le mélange d'une forte avec une autre , ** luy en a fouvent donné qui ont été inconnuës à nos peres ; & pour conferver celles qui luy ont femblé bonnes , il a employé tout ce que l'art luy a pû fuggerer.   La Fente, l'Aproche , la Couronne, & l'Ecuffon, font les moyens qu'il a trouvez pour en augmenter le nombre. Toutes ces manieres étant trop longues

* La Poire de Bonchretien d'hyver , a été aportée d'Hongrie. La Pefche, eft venuë des Perfes , qui l'envoyerent en Occident, croyant par elle empoifonner les Europeens, elle étoit un venin dangereux chez eux ; ce qui ne leur reuffit pourtant pas, le changement de Climat luy fit changer de nature , elle eft aujourd'huy un des fruits le plus exquis.
* *L'Orange ditte Bigearia , eft moitié Citron , moitié Orange. Le Grand Duc de Florence en a eu un des premiers.

longues à expliquer, nous prendrons
la derniere comme la meilleure & la
plus ufitée, avec laquelle on peut
greffer toutes fortes de fruits.

De l'Ecuffon.

POur écuffonner, il faut prendre
un beau jour, où la chaleur ne foit
pas fi vehemente, plutôt l'aprés-midy
que le matin, la fraifcheur de la nuit
étant proche, la greffe ne fera pas fi
incommodée. Je parle pour ceux qui
ont peu à greffer ; car pour les autres,
qui ont de grandes pepinieres, ils ne
peuvent pas fi facilement choifir leur
temps. On doit toûjours preferer un
beau croiffant à un decours pluvieux
& inconftant. Je ne fuis pas du fentiment de ceux qui ne veulent greffer
qu'en decours, & planter en croiffant.
Car enfin depuis dix-huit ans que je
me méle du jardinage, je n'ay pû encore remarquer l'avantage que l'on
tire de greffer, planter, & tailler, plutôt dans un quartier de la Lune que

dans l'autre. Je prie ceux à qui cét é-
crit tombera entre les mains, & qui
auront quelque experience, qu'ils me
faffent la grace de me faire part de
leurs lumieres; Ils me feront un fenfi-
ble plaifir. Je n'ignore pas que la Lune n'ait une grande puiffance fur les
corps inferieurs, à qui elle influë la
force d'attirer leur nourriture par la
communication qu'elle leur fait de fa
lumiere, faifant agir le fel produifant;
comme on le remarque en la mer qui
eft toute pleine de fel, par l'agitation
qu'elle fait en fon flux & reflux, &
que plus fa lumiere eft grande, plus
il eft fort; mais ce fel n'abonde point
tant dans les plantes, qu'il y puiffe
faire un changement fi confiderable;
quoy que ç'ait été le fentiment de
toute l'Antiquité. Je fcay bien auffi,
que l'on n'a pas eu les moyens de conduire & élever les arbres par les regles, comme on l'a aujourd'huy.
C'eft au defunt l'Illuftre MON-
SIEUR DE LA QUINTINIE à qui

on a l'obligation de les avoir trouvez.
L'experience nous fait voir tous les
jours que chacun a suivi son caprice.
Je n'avance rien que je ne puisse prouver. Il ne faut pourtant pas blâmer
ceux qui suivent l'ancienne coûtume.
Je leur diray seulement en passant,
qu'un arbre étant greffé en décours,
s'il vient en suite du froid, cela fait
d'abord diminuer la séve, & l'arbre
discontinuë de travailler, au lieu
qu'en un Croissant où le temps conti-
nuë d'étre beau, la greffe se lie plus
facilement au sauvageon. De méme
qu'en plantant dans le Croissant, soit
devant, durant, ou aprés l'hyver, &
qu'en suite il vienne du mauvais
temps, l'on m'avoüera que les arbres
seront souvent plus de deux décours,
& quelquefois plus de trois Croissans
sans rien faire. Si l'on greffe, plante,
& taille par un beau temps, la terre
est plus disposée à recevoir dans son
sein, les plantes & semences que l'on
luy veut confier ; au moins a-t'on plus

de plaisir & plus de facilité de travailler, que l'on n'auroit, si le temps
étoit mauvais. Cela soit dit sans pre-
judice.

PREMIERE FIGURE.

A. *Branche pour lever les Ecussons.*
B. *Ecusson coupé sur la branche.*
C. *OEil qui a deux ou trois feüilles.*
D. *Yeux qui n'ont qu'une feüille.*
E. *Ecusson levé hors sa branche.*
F. *Ecusson de côté dont on voit le bou-*
   ton.
G. *Ecusson dont on voit le dedans avec*
   son germe.
H. *Ecusson posé sur le sauvageon.*
I. *Sauvageon coupé quatre doits au*
   dessus de sa greffe.
K. *Ecusson comme il est aprés l'hyver,*
   ayant ôté la ligature.
L. *Sauvageon coupé proche sa greffe.*
M. *Où il faut couper le jet d'un an.*
N. *Sauvageon pour greffer.*
O. *Ecusson dont la pointe est en haut.*

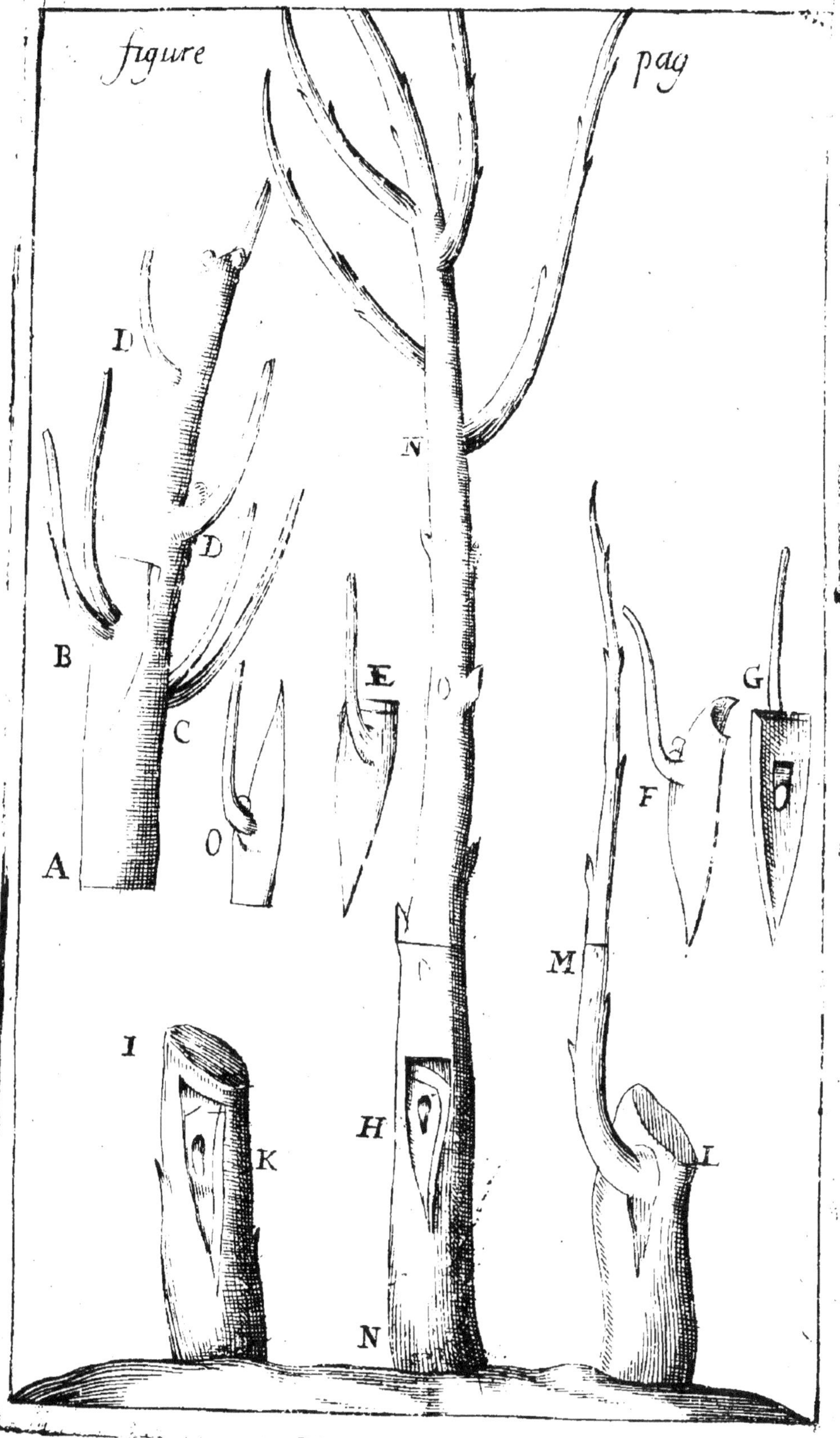

figure
pag
D
D
B
C
A
N
E
O
O
I
G
F
a
M
H
N
K
L

De la maniere qu'il faut Ecuſ-
ſonner.

VOulant êcuſſonner, on doit choiſir la branche de laquelle on veut
lever les greffes, (A) belle & vigou-
reuſe, & dont les yeux ſoient gros,
& garnis de deux ou trois feüilles,
(C) qu'il faut couper par le milieu de
la queuë, afin qu'elle n'altere pas la
féve ; vous leverez les yeux que vous
voulez appliquer, (B) en trois
coups de coûteau, le premier de travers de la branche juſqu'au bois, à
l'épaiſſeur de deux écus au deſſus de
l'œil ; le ſecond à un des côtez de
l'œil, de l'inciſion de travers en bas,
& le dernier de l'autre côté, de façon
qu'ils ſe viennent croiſer un peu plus
de demi pouce au deſſous de l'œil.
Aprés que l'Ecuſſon ſera levé, (E)
vous le tiendrez entre vos levres, par
le bout de queuë que vous aurez laiſſé exprés ; tandis que vous choiſirez
à trois, ou quatre pouces de terre,

(H) le côté le plus uni du sauvageon ;
(N) où vous luy ferez deux inci-
fions, l'une de travers, & l'autre de
haut en bas, de la longueur d'environ un pouce, en maniere de la let-
tre T ; vous entr'ouvrirez les deux
côtez de l'écorce par le haut, fans
égratigner le bois pour y mettre l'é-
cuffon, & luy aiderez à entrer en ap-
puyant legerement le dos du couteau
fur l'œil, le faifant defcendre fans le
contraindre, en forte qu'il joigne à
l'écorce par le haut jufte ; étant pofé
vous prendrez de la filace, que je fup-
pofe que vous avez toute preparée,
environ de la groffeur d'un tuyau de
plume ; vous en unirez un bout que
vous poferez fur l'œil, & le ferez croi-
fer par derriere ; vous prendrez l'autre bout de la main droite, & le ferez
paffer par-deffus le bout uni, que
vous tiendrez court de la main gauche, & le ferez revenir au deffous de
l'œil fans le cacher ; vous continue-
rez à le tourner, tant que la cicatrice

soit couverte, en ferrant le haut un peu plus que le bas, afin que la féve puiſſe monter plus facilement à l'œil. La filace ſera arrêtée derriere l'écuſ-ſon par un nœud coulant, afin qu'elle puiſſe ſe lâcher, à meſure que l'œil enfle; l'on ſe ſert d'écorce de Til-leux, de ruban étroit, & de fil de lai-ne en la place de filace pour la liga-ture.

Il y en a qui taillent l'écuſſon d'u-ne autre maniere. Ils mettent la poin-te de la greffe en haut, & coupent le bout large au deſſous de l'œil. Les Orangers qui nous viennent de Gen-nes, ſont preſque tous greffez ainſi.

Le temps d'écuſſonner.

ILy en a qui diſent qu'on peut écuſ-ſonner tant que l'arbre eſt en féve. Je ne ſuis point de leur ſentiment; ma raiſon eſt que ſi on écuſſonne au prin-temps, l'œil à qui il faut du temps pour ſe coler au ſauvageon, aura de la peine à pouſſer dés la premiere ſéve ; la seconde est trop foible pour former une branche assez vigoureuse, qui puisse resister à la rigueur du froid, qui est souvent si violent, que les branches les mieux antées ont de la peine à se sauver ; au lieu que si nous greffons dans l'Eté, ce que nous appellons œil dormant, ne pousse point, n'a rien de tendre que l'hyver puisse endommager. J'aimerois mieux au printemps me servir de la fente, & des autres manieres de greffer qui reüssissent fort bien.

On ne peut pas écussonner toutes sortes de sauvageons en même temps, les uns voulant l'être plutôt que les autres. Le Pescher sur Prunier se peut faire d'abord que la séve remonte, ce qui arrive ordinairement vers la fin de Juin. On ne peut pas dire precisement le temps, parce que la chaleur de l'Eté n'est pas tous les ans égale. On connoît quand l'arbre rentre en séve, par le nouveau jet qui se forme, les feüilles étant plus blanchâtres que les autres. De plus en faifant une incifion dans une branche, on voit fi l'écorce fe fepare facilement du bois.

Tous les Pruniers & Abricotiers & autres fruits à noyau peuvent être écuffonnez dans le même temps.

Les Poiriers, & Pommiers peuvent être écuffonnez tout le long du mois de Juillet, tant fur franc que fur coig-nacier.

L'Ecuffon de Pefcher fur l'Amandier doit fe faire après que la plus grande abondance de la féve eft un peu paffée, d'autant que l'Amandier l'a plus forte que les autres fauvageons; c'eft pourquoy fi on l'écuffonnoit dans la force de fa féve, l'œil courroit rifque d'être étouffé, par l'amas d'humeurs qui fe congelant dans l'incifion y forment une gomme, ce qui oblige quelquefois d'attendre jufqu'à la fin du mois d'Août.

L'ordre qu'il faut tenir en greffant.

VOus mettrez exactement chaque efpece de fruit à part , & en tiendrez un bon regître. Pour plus grande facilité , il faut mettre comme j'ay dit , les fauvageons par rang, aprés il ne fera pas fi difficile de mettre fur un memoire combien d'arbres vous aurez greffé de chaque forte. Vous pouvez mettre auffi au commencement de chaque efpece une latte , fur laquelle vous marquerez des *Numero*, & en tiendrez le conte dans un livre.

L'hyver étant paffé vous couperez la ligature du fauvageon, d'un feul coup de couteau, à l'oppofite de l'ecuffon fans l'ôter, tombant affez d'elle-méme. Il faut en même temps couper le fauvageon à quatre doits au deffus de la greffe, & le laiffer ainfi paffer l'Eté fans rien y faire que d'ebourjonner ce qui pourroit croître au fauvageon. Que fi vous pouviez en

greffant pofer l'écuffon du côté du midy, d'où viennent ordinairement les
grands vents, il ne fe decoleroit pas fi
facilement. Pour prevenir cét incon-
venient, il faut mettre à chaque pied
d'arbre un bâton pour y lier doucement l'écuffon naiffant, & avertir
ceux qui font obligez d'aller parmy,
de ne rien rompre avec les habits.

Au mois de Mars en fuite, il faut
couper l'ergot qui eft au deffus de la
greffe, tout proche, (L) & que le talon de la coupe foit tourné du côté de
l'écuffon. Si vous aviez pofé deux
yeux fur le fauvageon, vous n'en de-
vez laiffer qu'un, & ôter le plus foible, foit que vous vouluffiez faire un
arbre de tige, ou un nain. La raifon
eft que la féve étant obligée à fe preparer, elle ne pouffera que foible-
ment, au lieu qu'étant unie toute en
un corps, elle donnera un jet vigoureux, duquel vous pourrez faire ce
que vous fouhaitez.

Tous les arbres qui font deftinez

pour être nains, le jet de l'écusson doit être coupé à neuf ou dix pouces, (M) au dessus de la greffe, au même temps que l'on coupe l'ergot, afin qu'il se fortifie, & pousse des branches du pied, dont on puisse commencer à faire la figure; excepté les Peschers & les Abricotiers, d'autant qu'ils ne veulent pas pousser du vieux bois. Aussi les doit-on planter la premiere année qu'ils ont poussé, autrement il ne valent rien. Quant à ceux dont l'on veut avoir de tiges, il faut les laisser croître 7. ou 8. pieds, puis les arrêter.

C'est une erreur de croire que les arbres greffez sur un franc ne peuvent être faits nains, & qu'on ne puisse pas les conduire de même que ceux qui sont sur Coignassier, & sur Pommier de paradis. Ceux qui sçavent la taille ne sont pas de cette opinion, & disent, comme il est vray, que si on vouloit se donner la peine, on reduiroit les arbres sauvages comme on fait les

fruitiers, la féve ayant le méme
cours pour les uns. que pour les autres. Je ne fais pas non plus de difficulté de couper la tige d'un arbre que
l'on a deftiné pour plein vent, quand
je le trouve trop foible, & que j'ay
befoin d'un nain, quelque efpece que
ce foit, à la referve des Pefchers & A-
bricotiers, qui ne pouffent pas comme j'ay déja dit, du vieux bois.

Le temps d'arracher les Arbres pour les replanter.

AYant élevé nos Arbres en état
de les tranfplanter, il faut dés le
mois de Novembre arracher ceux que
l'on croit planter jufqu'au printemps.
La raifon eft, que la terre n'eft pas fi
dépourvûë de chaleur durant l'hyver,
que quand il fait un peu doux ; elle
n'excite l'arbre à pouffer de nouvelles
racines, qui aprés étant rompuës, di-
minuent beaucoup de la force ; au
contraire les arrachant un peu aprés
que les feüilles font tombées, qui eft

une marque que la séve est descenduë
dans la racine, elle se conserve là jusqu'à ce qu'elle ait occasion de remon-
ter. Son cours estant interrompu, il
faut du temps avant qu'elle l'ait re-
trouvé. Il y en a qui croyent que les
racines poussent plus l'hyver que l'E-
té ; ce qui n'est pourtant pas, l'experience le faisant voir à un arbre que
l'on aura planté devant les froids. Si
on l'arrache au mois d'Avril, on trouvera qu'il aura fait peu de racines, &
que celuy qu'on plantera au mois de
Mars, se trouvera souvent plein de
chevelu au commencement de May,
quoy qu'il n'y eut que six semaines
qu'il fut en terre.

De la Terre pour les plants, & les moyens de la corriger.

IL est difficile de reüssir dans les
plants, si nous ne connoissions la
nature de la terre, pour la pouvoir cor-
riger des défauts qui la rendent insipi-

de. * Il seroit trop long de parler en
particulier de toutes les differentes
qualitez des terroirs qui se rencontrent dans chaque endroit. De plus
on trouve peu de personnes, qui veüil-
lent faire transporter toute la mé-
chante terre de leurs jardins, pour y
en faire rapporter de la meilleure.
Ces sortes d'ouvrages n'appartenant
qu'aux Princes & Grands Seigneurs,
qui peuvent soûtenir les grandes dé-
penses, & en même temps avoir des
Jardiniers capables de les servir. Les
autres se contentent d'amander les
places où on doit planter les arbres,
en faisant des trous proportionnez à
la grandeur des plantes qu'on y veut
mettre, & aprés les remplir des meilleures terres qui se trouvent dans les
lieux voisins. On peut aider celle qui
est trop dure & pesante, par le soûle-
vement des frequens labours; celle
qui est trop legere, en l'affermissant;

____

* Je diray quelque chose de la nature de la terre que chaque
sorte d'Arbre demande, en parlant des synonymes des fruits.

trop humide, en la deſſeichant ; trop
ſeiche, en l'humectant ; trop froide,
en l'échauffant ; trop chaude, en la
rafraîchiſſant ; en ſe ſervant des fu-
miers de qualité contraire. Dans la
terre qui eſt legere, on y doit mettre
du fumier de vache qui eſt froid ; dans
l'humide & froide, du fumier de cheval, de cochon, de pigeon, & autre
volaille, qui ſont chaux & ſecs ; dans
les maigres de celuy de mouton, qui
eſt le plus gras & le meilleur de tous.
Il y a pluſieurs choſes dont on ſe peut
ſervir pour amander les terres, comme les excremens de l'homme, les ga-
ſons levez ſur les grands chemins, la
bouë des ruës, le marc de vin, le tan
qui a ſervi à appréter les cuirs, la cu-
reure des foſſez, le ſang des ani-
maux, leurs cornes, leurs cadâvres,
la ſuye des cheminées, la cendre & in-
finité d'autres choſes ; tout cela eſt
bon à engraiſſer la terre, pourvû que
l'on mette toutes ces choſes dans un
monceau pendant deux ou trois an-

nées, afin que le Soleil, la neige, &
la gelée les consomme & les corrige
de leurs défauts ; aprés on pourra tout
méler avec du fumier, ou bien s'en
servir seul dans les lieux où on en aura
besoin.

Des trous pour planter les Arbres.

ON fait les trous plus ou moins
grands selon la bonté dela terre. Celle qui se trouve mediocrement
bonne, quatre ou cinq pieds en quar-
ré, & trois de profondeur suffit.
Quand elle est plus maigre, on doit
les faire plus grands, afin d'y mettre
davantage de bonne terre & de fumier, que l'on méle ensemble pour les
remplir.

Si l'on pouvoit preparer ces trous
six mois avant que de planter les arbres, on feroit tres-bien, d'autant
que la terre nouvellement remuée
s'affaisse beaucoup. S'il y a du fumier, elle le fait davantage à mesure

qu'il se consomme ; ce qui seroit tres-
prejudiciable aux arbres, si on les
plantoit d'abord ; ils s'enfonceroient
indubitablement avec la terre. Chacun sçait assez qu'ils ne tirent pas leur
accroissement du fond de la terre ; le
Mercure, le souffre, & le sel, qui font
les principes de la generation étant
plus subtils sur sa superficie, comme
plus proches des corps celestes qui se
communiquent en eux par leurs influences ; ce qui peut être prouvé par
les arbres plantez trop avant, où l'on
voit naître des racines presque à la
surface de la terre, & souvent celles
qui sont en bas meurent ; ce qui est
tres-dangereux par la putrefaction &
par les vers qui s'y engendrent, & qui
font à la fin perir l'arbre y causant la
cangrenne. Pour la même raison, en
les plantant on ne doit leur laisser
qu'un seul lit de racines, la nature
abandonnant à la fin les unes, ou les
autres. On ne doit non plus leur laiffer que peu de branches en les plan-

tant; la vertu productive fe feparant en deux, la moitié defcend dans les racines, & l'autre monte dans le corps, les branches, feüilles, & fruits; avec cette difference, qu'il faut que le haut tire fon aliment du bas; car le bas fe devant fournir de fubftance le premier, il n'en peut faire part au haut qu'il n'en foit luy-méme pourveu. Il y a une fi grande union de volonté, que le bas ne tire pas plus de nourriture que le haut en a befoin; ce que l'on remarque en deux arbres d'égale groffeur & efpece plantez en un méme jour. Celuy à qui l'on ôtera les branches de temps en temps; les racines, le corps, & ce qui refte, groffit beaucoup moins, que celuy à qui on n'ôtera rien; ce qui fe voit aux arbres & arbriffeaux, que l'on taille tous les ans; ils ne croiffent qu'à proportion qu'on leur laiffe des branches.

De la distance des Arbres, & la maniere de les bien planter.

COmme il y a des Arbres qui croiſſent plus grands les uns que les autres, on doit les planter auſſi plus loin à loin. Mon deſſein n'étant de parler que de ceux que nous cultivons dans les jardins, je tâcheray d'en donner une idée le plus ſuccintement que je pourray, afin de n'ennuyer pas le Lecteur.

DEUXIEME FIGURE.

A. *Lieu où l'arbre a été greffé.*
B. *Où on a coupé le jet de l'Ecuſſon.*
C. *Branches qu'il a produites.*
D. *Chevelus, ou fibres.*
E. *Groſſes racines.*
a. *Où il faut couper les branches.*
b. *Où il faut couper les racines.*
c. *Branche de l'extremité qui vient ordinairement plus groſſe que les autres.*

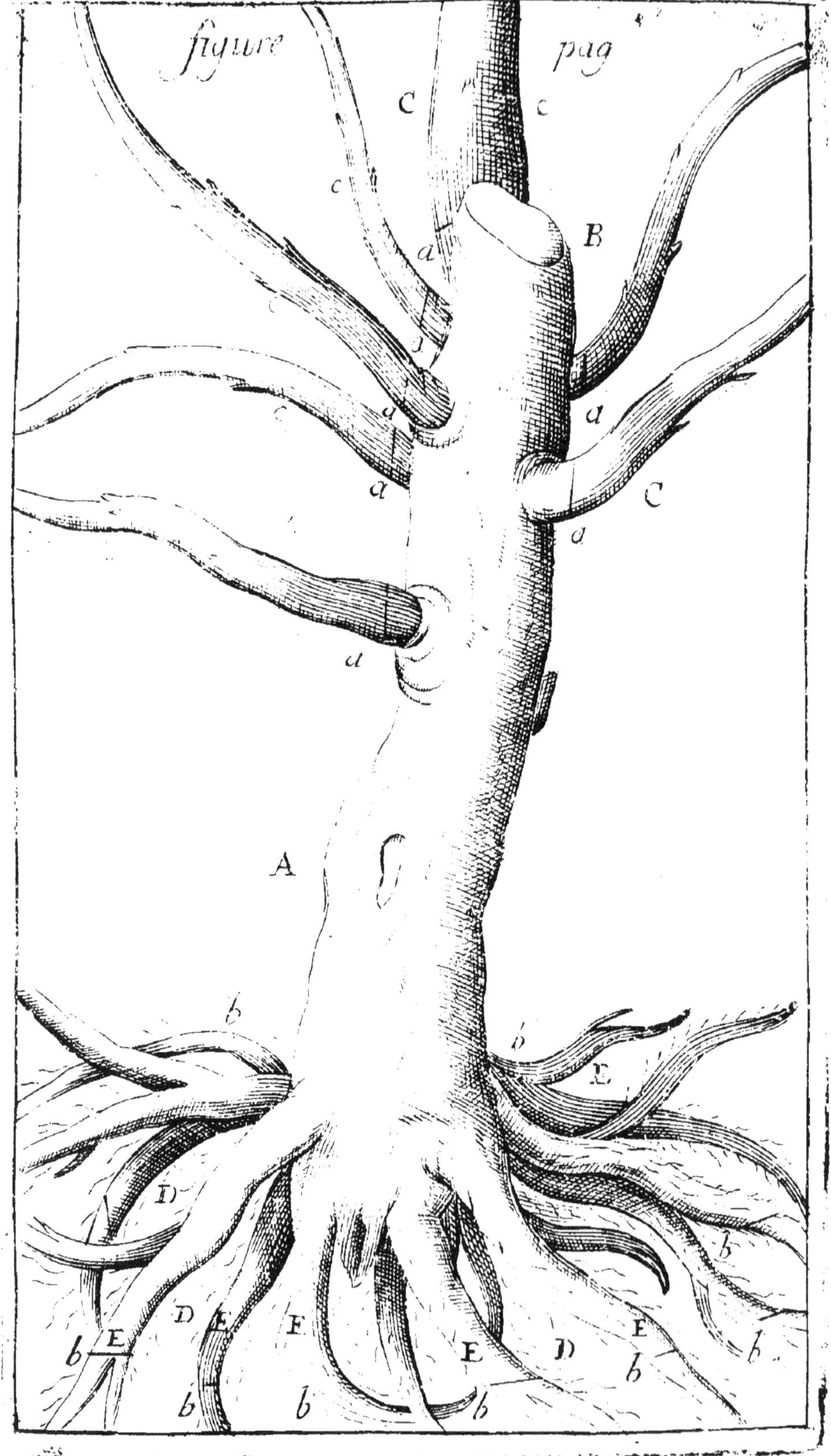

figure
pag
A
B
C
D
E
F

J'ay déja dit en parlant de la taille, que nous avions de deux fortes d'arbres, qui font le Buiffon & l'Efpalier. Les Buiffons font des arbres plantez de diftance égale dans des plants particuliers, ou dans les plate-bandes des jardins potagers, pour en faire l'ornement. On les plante ordinairement à douze pieds de Roy les uns des autres. Ceux que l'on met de cette maniere font, les Poiriers, les Pommiers, les Pruniers, les Cerifiers, & quelquefois les Coignaffiers, & fort peu d'autres; particulierement dans ce pays. Car les Pefchers, & les Abricotiers demandent plus de chaleur que le climat d'icy n'en a; on les referve pour mettre au long des murailles ou planches.

Pour planter les uns & les autres, il faut ôter les fibres, (P) que nous appellons autrement chevelus, étant inutiles, 1. parce qu'ils empefchent la terre de fe joindre aux meres de racines, ce qui empefche qu'elles n'en

pouſſent de nouvelles, n'étant pas
liées avec elle. 2. Ces chevelus venant à pourrir, il ſe fait une concavité
autour des racines, qui empeſchent
qu'elles ne tirent d'aliment; de plus
l'air venant à y entrer, luy cauſe ſouvent la mort, en deſſeichant la terre
& le peu d'humeur qui eſt aux racines.
Aprés avoir ôté le chevelu, il faut
couper les plus groſſes racines, (E)
de ſix ou ſept pouces de longueur, les
mediocres de quatre, (F) les petites
à proportion; obſervant autant qu'il
ſe peut de ne laiſſer qu'un rang de racines, & de couper entre deux courtes une longue; parce que les nouvelles pouſſent preſque toûjours à l'extremité des autres; ce qui ſeroit une
confuſion, ne trouvant pas de lieu à
ſe placer. Comme elles ne ſont pas
toûjours toutes êgalement hautes, à
celles qui ſont les plus élevées, il faut
que l'ergot de la coupe vienne au deſſous, & a celles qui ſont baſſes, qu'il
ſoit au deſſus. Quand trois racines
ſont

font proches l'une de l'autre, il faut couper celles des côtez, de maniere que venant toutes à pouffer à leurs extremitez, elles ne fe puiffent nuire ; & que les racines étant toutes taillées, puiffent autant que l'on pourra, reprefenter la figure des doits de la main, fi on vouloit prendre une boule. Ce fera le moyen de leur envoyer chercher leur pain chacune de fon côté, dans l'état famelique où elles fe trouvent alors.

Il y a fouvent aux arbres élevez de pepins & de noyaux, une groffe racine, qui eft à l'oppofite de la tige. Elle reprefente le corps de l'arbre en terre, & nous l'appellons communement *pivot*. (D) Il la faut ôter fans remiffion, parce qu'elle va dans un lieu où elle ne trouve pas dequoy fubfifter, & par confequent inutile, attirant une partie de la force des autres.

C

TROISIE'ME FIGURE.

A. *Lieu où l'arbre a été greffé.*

B. *Grosse Branche venuë au méme endroit où on avoit coupé le jet de l'écusson.*

C. *Branches coupées.*

D. *Grosse racine dite pivot.*

E. *Grosses racines coupées.*

F. *Petites racines entre les longues.*

G. *Les grosses racines qu'il faut ôter aux arbres que l'on met en espalier.*

a. *Tige coupée trop haut.*

b. *Où la tige sera mieux coupée.*

c. *Extremité de la plus longue racine.*

d. *Jusqu'où l'arbre doit étre enterré.*

Les arbres qui sont destinez pour mettre en espalier contre des murailles ou planches, il faut regarder à y tourner le côté de l'arbre qui a le moins de grosses racines; car comme nous avons dit, que les nouvelles ra-

figure   pag

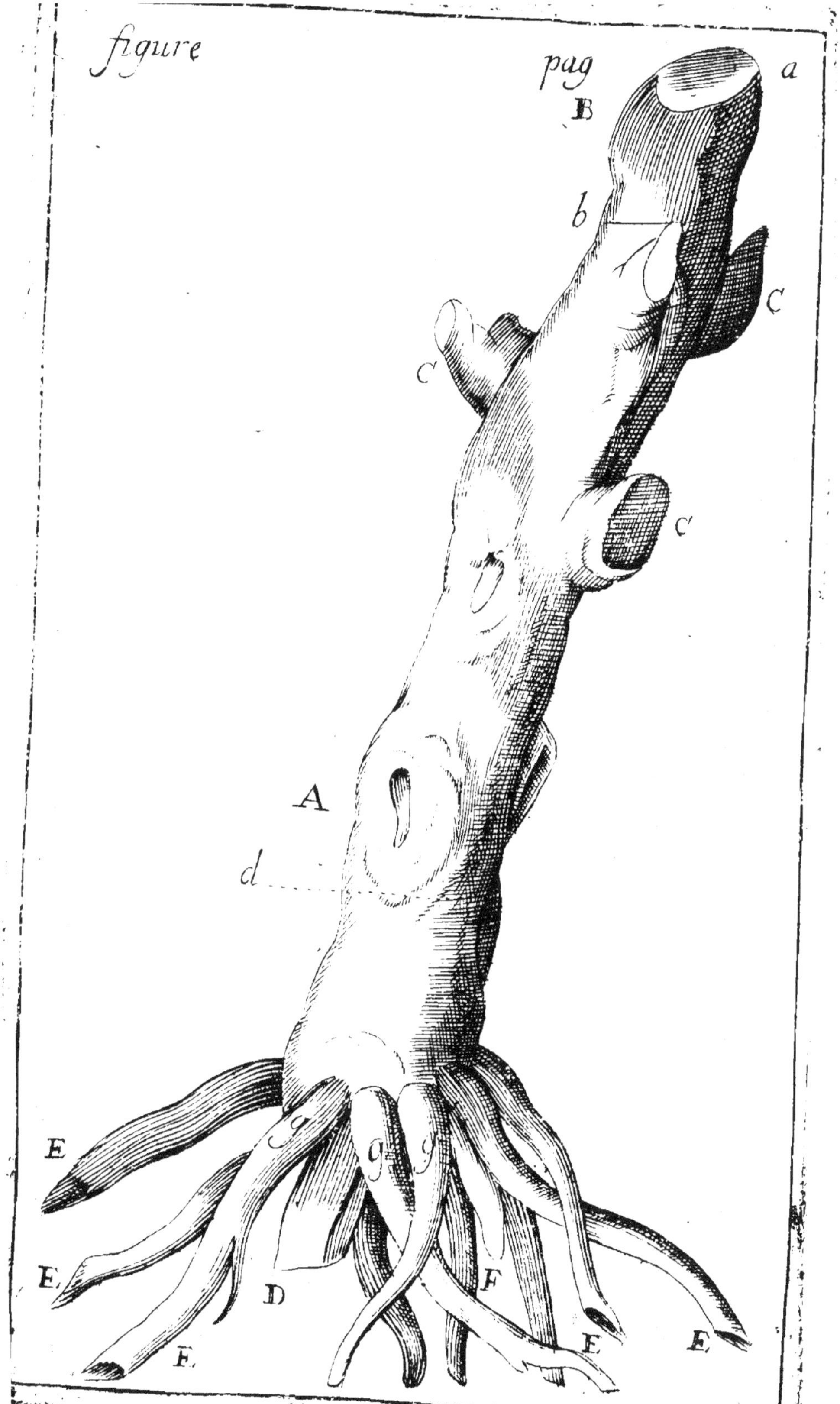

a
B
b
C
c'
c'
A
d
E
E
D
F
g g g
E,
F.
F
E, E,

cines viennent à l'extremité des autres, & y en ayant de tournées vers la
muraille, elles ne pourroient trouver
de nourriture ; fi l'arbre a des groffes
racines de tous côtez, il faudra en
ôter deux ou trois, (G) proche le
corps, & tourner ce côté-là vers la
muraille.

Aprés avoir coupé les racines d'u-
ne longueur convenable, & nettoyé
de leurs chevelus ; il faudra couper
toutes les branches à l'épaiffeur de
deux écus ; (C) & de cette épaiffeur
il en renaîtra d'autres, que nous pour-
rons en fuite conduire comme nous
voudrons.

Ayant ainfi difpofé les racines, &
coupé les branches, nous prendrons
l'arbre de la main gauche, à l'endroit
jufqu'où nous voulons qu'il foit en
terré, (d) qui doit être à neuf pou
ces de l'extremité de la plus groffe
racine, à prendre en ligne droite. De
là nous devons couper la tige à neu
autres pouces, (a) qui font dans l

total dix-huit. Les plus hautes racines se trouveront couvertes de terre de trois pouces, & étant écuſſonnez à quatre pouces, il s'en trouvera cinq de greffées. Il ne faut jamais laiſſer qu'une rige aux arbres deſtinez pour buiſſons, & nous la devons choiſir belle, l'eſpalier ſouffre plutôt les tortus, leur defectuoſité n'y paroît pas tant.

Il eſt inutile de dire une ſeconde fois pourquoy en plantant un arbre il ne luy faut laiſſer que peu de branches. Je croy que l'on eſt perſuadé que la ſéve ayant tant de lieux à ſe répandre, ne peut donner que de foibles jets, puiſque les racines d'où elles tirent leur nourriture n'en ſont pas pourveuës pour elles-mémes. Il y en a qui croyent gagner bien du temps en les laiſſant, mais ils ſe trompent. Quatre ou cinq bonnes branches bien vigoureuſes valent mieux que douze foibles.

Les trous où vous voulez mettre

vos arbres , ayant été preparez, &
remplis des meilleures terres que vous
pouvez avoir le plus facilement ; le
temps de planter étant venu , vous
ferez dans le milieu desdits trous une
petite fosse profonde d'un pied , & large à proportion que vous aurez laissé
les racines longues. Vous ferez dans
le milieu de cette fosse une petite but-
te de terre , sur laquelle vous poserez
l'arbre, & arrangerez les racines à
l'entour , en ne souffrant point qu'elles se touchent , si faire se peut , au
moins leurs extremitez. Les racines
étant ainsi arrangées , vous prendrez
de la terre , de la meilleure & de la
plus menuë que vous ayez , avec laquelle vous remplirez la fosse , sans
permettre qu'aucun fumier, gazon,
ny grosse motte approche des racines , parce que cela les empécheroit
de se lier à la terre, qui par consequent
n'en pourroit pousser d'autres dans
ces endroits-là.

Les arbres que l'on plante en espa-

lier le long des murailles, ou planches, doivent étre éloignez d'elles de
neuf pouces en bas; & panchez le haut
de l'arbre un peu vers la muraille,
afin qu'on puiſſe paliſſer les branches
qui naîtront plus facilement.

L'arbre étant planté, il ne faut luy
rien ôter qu'au temps de la taille, ou
il faudra racourcir les groſſes branches qu'il aura pouſſées, aſſez courtes, & les petites plus longues, au
contraire des racines, dont les groſſes
doivent étre les plus longues. On doit
regarder les premieres années, plus à
la figure qu'au fruit. Il viendra toûjours aſſez à temps.

De la premiere Taille.

AYant expliqué en parlant de la
taille, ce que c'étoit des branches à fruit, & de celles à bois, j'ay
donné en méme temps le moyen de
les connoître. Il faut dire à preſent
la maniere de tailler. Il faut poſer
pour regle generale, qu'il ne faut

point couper de branche un peu groffe, que le talon ne foit proche d'un
œil, afin que la féve ayant une fortie,
puiffe recouvrir la cicatrice facilement; ce qu'elle ne feroit pas fi on
coupoit les branches entre deux
nœuds, le bout de la branche fe feche
jufqu'au premier œil. Quant à celles
qui font fort foibles, on ne fe donne
pas la peine de les couper, à caufe que
la féve n'a pas la force d'en produire
une autre au bout; on les rompt feu-
lement.

L'arbre nouvellement planté, nous
produit la premiere année fouvent jufqu'à huit, dix, & douze branches,
(B) quelque fois auffi moins. Il faut
au temps de la taille, en couper la
moitié, de ce qu'il en a pouffé à cinq
ou fix pouces de la tige, (D) les autres
feront coupées un peu plus longues;
comme à huit ou neuf pouces, obfer-
vant de laiffer une branche courte entre deux longues, parce que venant
toutes à pouffer à leur extremité,

comme c’eſt l’ordinaire, cela donnera deux degrez de hauteur, ce qui ne ſeroit pas, ſi elles étoient également coupées, au contraire elles feroient une confuſion, n’ayant pas de lieu pour ſe placer. En taillant, il faudra couper ce qu’il pourroit y avoir de mort de la tige, juſques à la premiere branche qui aura pouſſé. (C) Il arrive quelquefois que les branches, que l’arbre aura pouſſées la premiere année, feront toutes foibles, il ne faut pourtant pas laiſſer quand cela eſt, de les partager en longues & courtes, comme ſi elles étoient toutes fortes, parce qu’à la ſuite elles groſſiront à meſure que l’arbre prendra de la nourriture.

Les arbres qui feront plantez en eſpalier doivent être paliſſez aprés qu’ils feront taillez. Car ſi l’on attend que les branches ſoient plus vieilles, elles n’obeïront que difficilement. Il ne faudra rien ôter à l’arbre de toute l’année, & n’y rien couper depuis une taille juſqu’à l’autre.

C 5

QUATRIE'ME FIGURE.

A. *Tige de l'arbre.*
B. *Branches que l'arbre a produites.*
C. *Ergot qui est mort.*
D. *Où il faut couper les branches à la premiere taille.*
E. *Branches coupées à l'épaißeur de deux écus, en plantant l'arbre.*

Seconde Taille.

LA seconde année aprés que les ar-bres auront été plantez, l'on commencera à distinguer les branches à bois d'avec celles à fruit. Celles que l'on aura coupé l'année precedente en auront poußé d'autres. Les bran-ches qui viendront à l'extremité seront plus großes que les autres, comme nous l'avons dit au traité de la taille. Il ne faudra pas laißer les branches à fruit si longues que nous les avons marquées dans son lieu; car les pre-mieres années l'arbre pousse vigou-reusement; les branches que l'on de-

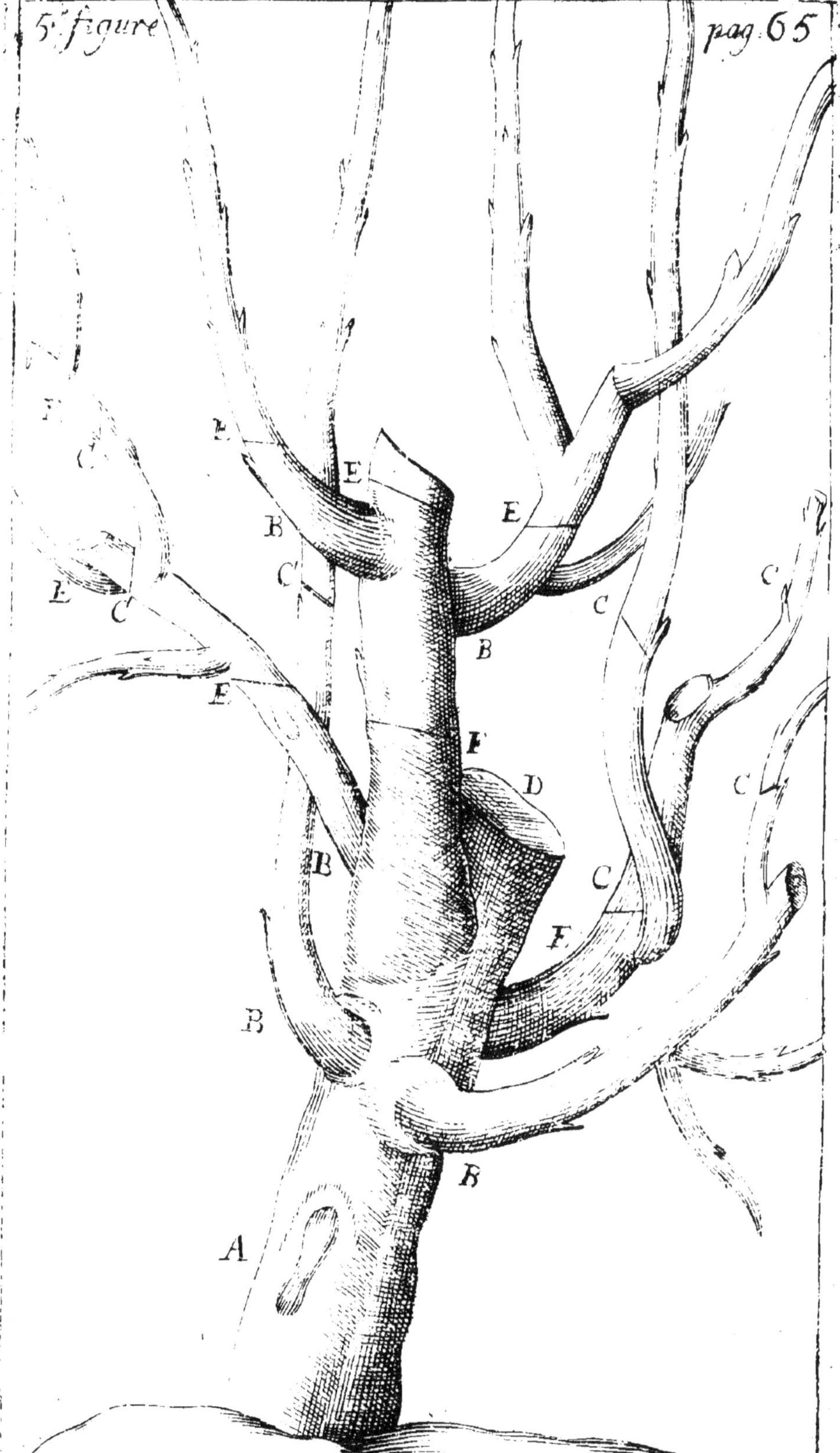

5.e figure
pag. 65
E
E
E
B
C
B
C
E
C
C
F
B
F
D
B
C
B
F
B
A
B

ſtinera à fruit ne pourront pas s'y arrêter ; l'on eſt ſouvent obligé d'en faire des branches à demi bois. Si l'on les
laiſſoit ſi longues , l'arbre ſe dégarni-
roit trop par le bas ; c'eſt à quoy on
doit bien prendre garde dés le commencement , car on ne peut plus le
faire regarnir aprés , ſans luy faire un
tort conſiderable , & on ſeroit obligé
de le recouper ſur le vieux bois.

Les premieres années, les branches
ne viennent pas toûjours comme on
les ſouhaite ; la ſéve n'ayant pas ſes
canaux diſpoſez à les recevoir ; elle
s'ouvre ſouvent des paſſages où on ne
s'attendoit pas ; & quelquefois elle ſe
jette ſi impetueuſement dans d'autres, que l'on eſt obligé de luy rompre ſon cours , afin qu'elle ſe partage
également en tous les autres ; & pour
la contraindre à prendre un bon chemin , on coupe les branches vigoureuſes, plus courtes que les autres ; que
ſi celle que l'on a taillé pour la premiere fois ne viennent pas comme il

faut pour pouvoit bien figurer l'arbre ; il faudra ravaler les branches
qui ont pris plus de nourriture qu'il ne
leur en falloit, (E) & tâcher que les
branches n'ayent qu'un ou deux degrez de hauteur.

CINQUIE'ME FIGURE.

A. *Tige de l'arbre.*
B. *Branches d'un an.*
C. *L'endroit où il faut les tailler.*
D. *Le haut de la tige.*
E. *Où il faudroit ravaler les bran-
ches, si elles n'étoient pas bien dif-
posées.*
F. *Grosse branche de l'extremité,
que l'on est obligé quelquefois de ra-
valer.*

Troisiéme Taille.

Ayant acheminé l'arbre les deux
premieres années à prendre
une bonne figure, l'on commencera à
la troisiéme à le disposer à donner du
fruit. Il y en pourra avoir méme qui

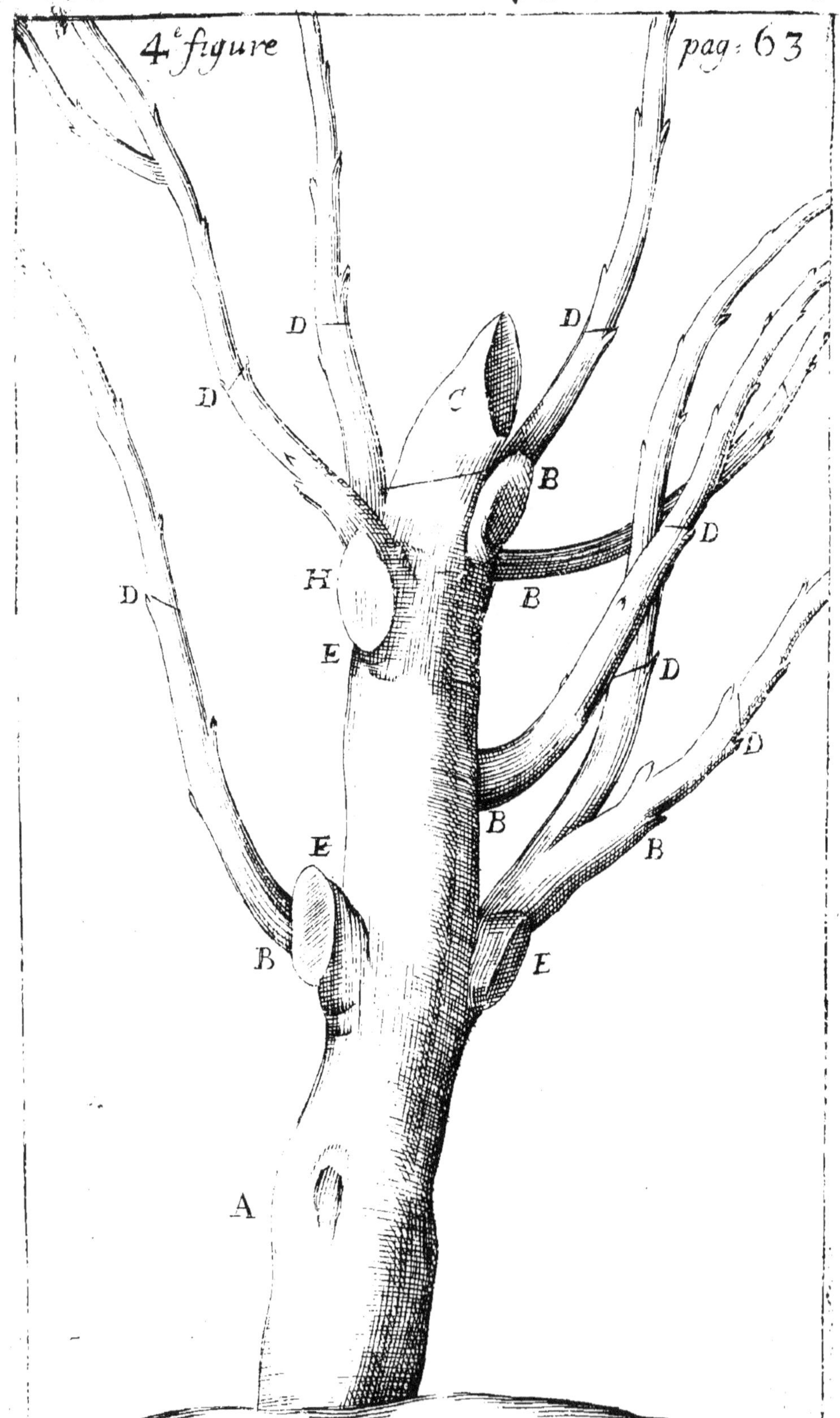

4.ᵉ figure
pag: 63
D
D
D
C
B
B
D
H
B
D
E
D
B
E
B
E
B
E
A

commenceront déja à rapporter, si les branches que l'on y avoit destinées ont fait ce que l'on souhaitoit d'elles ; ce ne seroit pas un grand mal quand les arbres ne rapporteroient pas du fruit si-tôt. Chacun sçait que celuy qui en rapporte trop, pousse peu de bois, la nature ne pouvant pas fournir de la nourriture pour l'un & l'autre ; l'experience fait voir que l'arbre qui rapporte beaucoup de fruit est bien-tôt ruiné, qu'au contraire celuy qui pousse beaucoup de bois, dure davantage, & on peut le contraindre à se mettre à fruit par le moyen de la taille.

SIXIE'ME FIGURE.

A. *Tige de l'arbre à bois de la premiere coupe.*

B. *Branches à bois de la premiere coupe.*

C. *Branches à bois de la seconde coupe.*

D. *Branches à bois de la troisiéme coupe.*

E. *Branches à fruit de la premiere coupe.*

F. *Branches à fruit de la seconde & troisiéme coupe.*

G. *Branches coupées en moignon.*

H. *Branches coupées à demi bois.*

I. *Branche qui devroit étre à fruit, & dont on est obligé de faire une branche à bois.*

K. *Branche à bois que l'on doit changer à fruit.*

Les arbres nouvellement plantez poussent avec plus de vigueur qu'ils ne font à la suite du temps, la séve y paroît plus abondante, ce qui fait que souvent il vient des branches fortes à l'extremité de toutes celles que l'on a déja taillées, tant à celles que l'on a destinées à fruit, qu'à celles qui doivent étre pour bois. On doit laisser aux premieres une ou deux sorties, (H) ce qu'on appelle demi bois, afin que la séve ayant bien des lieux à se répandre, il y vienne plusieurs branches, sa force à la suite étant obligée à se separer en plusieurs endroits. Celles qui n'auront poussé que foible-

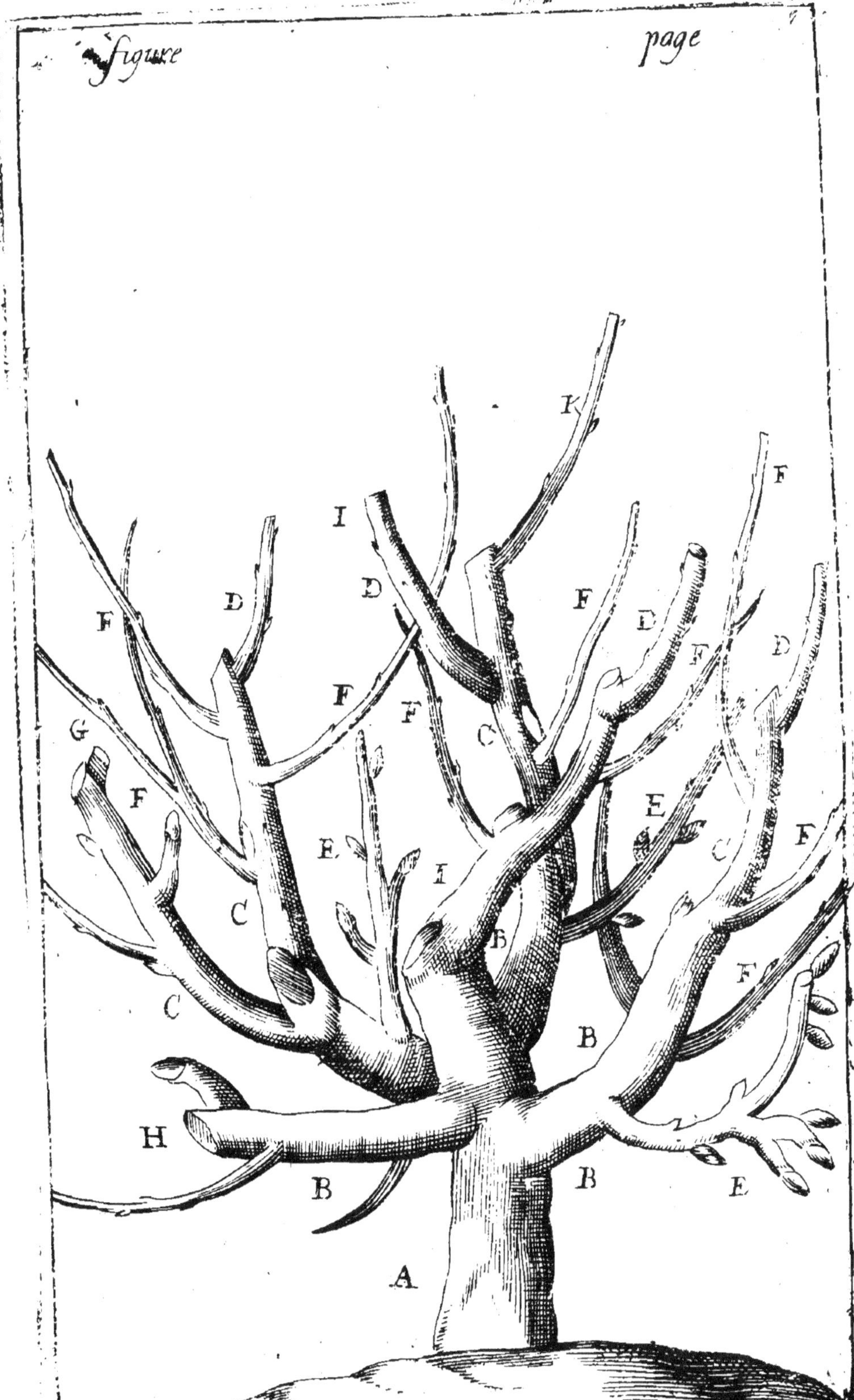
K
F
I
I
D
F
D
D
F
F
F
F
D
F
G
C
F
E
F
E
B
C
E
C
I
C
F
B
F
H
B
B
B
E
A

ment , on les taillera proche la coupe de l'année d'auparavant, (G) fans leur laiffer d'yeux entre la vieille & la nouvelle coupe , ce qu'on appelle couper en moignon ; la féve ne trouvant pas de fortie, elle fera obligée d'en demeurer là , & elle fortifiera les yeux qui font fur lefdites branches , qui ne manqueront pas en peu de temps à donner du fruit ; car il ne vient que fur les branches foibles. (E)

Les branches fortes que nous appellons à bois, (B) en pouffent deux, trois , & quelquefois jufqu'à quatre, (C)& rarement plus. La plus groffe de toutes qui eft celle de l'extremité , nous la recontons à bois. (D) Si quelqu'une de celles de deffous étoit plus groffe que celles d'enhaut ; on la coupera à l'épaiffeur d'un écu ; & faites que le derriere de la coupe foit tourné du côté le plus vuide de l'arbre ; ce qui s'appelle couper en ergot, comme nous l'avons déja dit ; les autres branches foibles (F) feront pour fruit ;

ainſi nous aurons deux ou trois branches à fruit contre une à bois.

Que s'il arrive que la branche de l'extremité, que l'on avoit deſtiné pour bois, vient trop foible, (K) on la laiſſera longue, & on la contera pour fruit ; & la plus prochaine groſſe, (I) ſera contée pour bois ; en changeant l'ordre comme nous l'avons dit plus haut.

Voilà, je croy, ce qu'il y a de plus eſſentiel à obſerver ſur les trois premieres tailles. Quand on aura bien commencé à élever l'arbre, on n'aura pas de peine à l'entretenir ; & ſçachant bien ces trois tailles, on pourra en ſuite tailler toutes ſortes d'arbres, en ſuivant toûjours les mémes maximes. Et je dis hardiment qu'il ne peut y avoir deux manieres de tailler. Qui ne ſçait pas celle que je viens de marquer, n'en ſçait point du tout ; ce que je m'oblige de prouver aux plus habiles Jardiniers. En voilà aſſez dit au ſujet des premieres tailles ; diſons

quelque chofe de la beauté des deux
fortes d'arbres.

SEPTIE'ME FIGURE.

A. *Tige de l'arbre.*
B. *Sa rondeur.*
C. *Branches à bois.*
D. *Branches à fruit.*

De la beauté, & utilité du
Buiſſon.

JE me perfuade aiſément qu'un arbre buiſſon conduit comme il eſt
icy dépeint, doit donner de la ſa-
tisfaction, & qu'il eſt impoſſible de ne
pas avoir du plaiſir de le voir chargé
de fruit: Il n'y a rien qui chatoüille
generalement plus tous les ſens ; car
vôtre entendement n'eſt-il pas char-
mé, quand vous meditez la bonté du
Tout-puiſſant, qui ſe plaît à vous
donner tant, & de ſi differens fruits.

Y a-t'il Muſc, ny Ambre, qui ſur-
paſſe l'odeur d'une bonne poire, &
d'une bonne peſche, quand elles ſont
bien meures.

figure
pag: 71
D D D
B
D
C
C
B
C
C
B
C
D
C
D
B
C
B
D
D
B
C
D
A

Y a-t'il mets plus delicieux, & qui coufte moins à preparer qu'un bon fruit, que la nature s'eft donné la peine d'appréter; auffi voyons-nous tous les jours, que dans les plus grands Banquets, nôtre appetit n'eft pas fatisfait, fi nous n'avons du fruit à la fin du repas. Prefque tous les malades afpirent aprés le fruit, & plufieurs fe font gueris en en mangeant.

Et enfin y a-t'il quelque chofe de plus agreable à voir, qu'un arbre Buiffon, quand il eft bas de tige, rond de tous fens, ouvert du milieu, également garni par tout, fans étre confus; & avec cela plein de fruit, hors de danger de tomber du haut d'une échelle, ou de l'arbre en le ceüillant; ou ayant envie d'en manger, n'avoir befoin d'aucun fecours pour le choifir. L'Efpalier n'a pas moins de charmes, quand il eft bien élevé.

HUITIE'ME FIGURE.

A. *Tige de l'arbre.*
B. *Sa rondeur.*
C.*Branches à bois.*
D.*Branches à fruit.*

*De la beauté & necessité de
l'Espalier.*

L'Espalier a quelque chose qui sur-
passe le Buisson.

1. En ce qu'il occupe moins de place.

2. Les fruits en sont plus delicats.

3. En ce que presque toutes sortes
de fruits y viennent à maturité.

4. Et qu'enfin on peut se servir de
la clôture des jardins, pour le planter.
On en peut mettre en trois exposi-
tions. Au Levant, au Midy, & au
Couchant. On n'en met guere au
Nort parce que le fruit n'y meurit pas.
La perfection de l'Espalier est d'être
bas de tige. (A) Que ses branches ne
se croisent pas les unes sur les autres;
Qu'elles

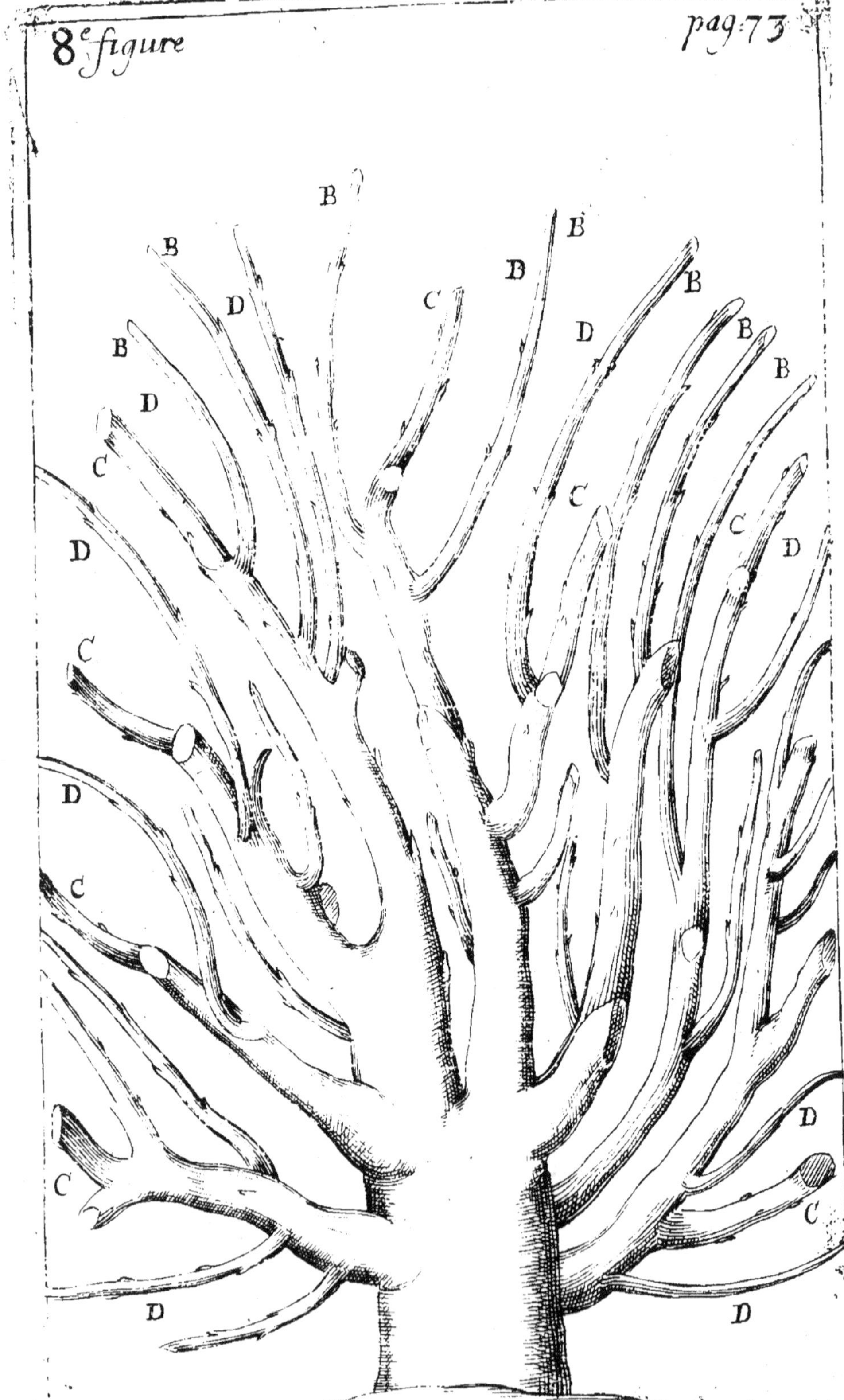
8e figure
B
B
B
B
D
D
C
C
D
C
D
C
C
B
C
B
D
C
D
C
C
B
D
B
C
D
D
D
D

Qu'elles foient partagées également,
(B) & qu'il y ait une branche à bois,
(C) entre deux à fruit. (D) Il faut
avoir les mémes maximes pour la taille qu'au Buiffon ; car ils ne different en
rien, qu'en ce que l'un eft plat, & l'autre eft rond. Il n'eft pas neceffaire de
redire comme il le faut planter, nous
l'avons affez expliqué, en parlant de
la maniere de bien planter. Il me refte
de dire que pour faire connoître les
differentes coupes, j'ay diftingué
plus particulierement dans une figure les branches que nous avons nommées dans tout ce difcours.

Des differentes branches de l'arbre,
& de leurs coupes.

NEUVIE'ME FIGURE.

A. *Branche à bois.*
B. *Branche à fruit.*
C. *Branche coupée en Moignon.*
D. *Branche à demy-bois.*
E. *Branche de faux-bois, coupée en*
Ergot.

D

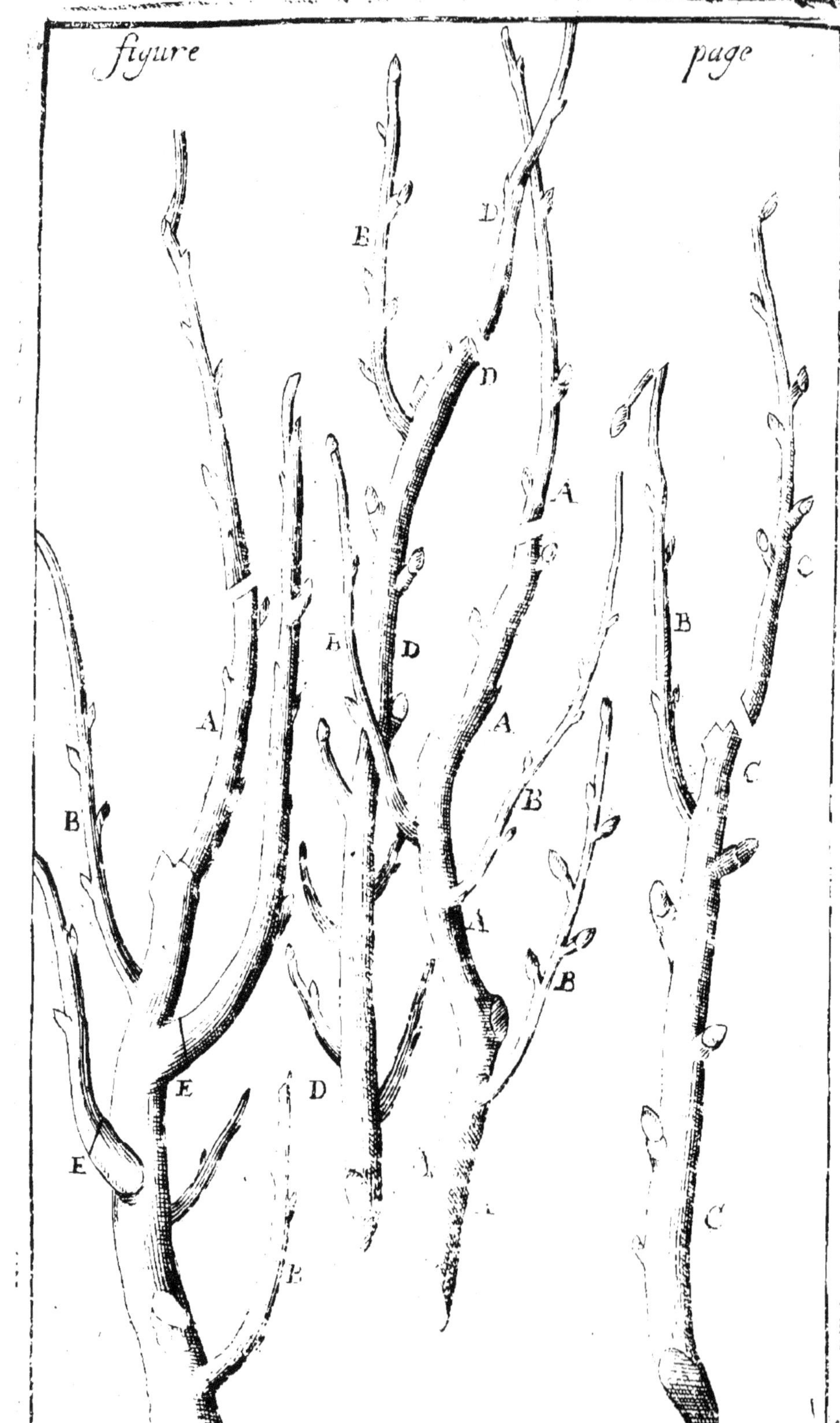

figure
page

Il n'y a que les ventoufes, qu'on ne peut pas bien marquer, n'ayant pas de lieu precis dans l'ar- bre, où on les puiſſe laiſſer ; non plus que d'autres branches que nous ap- pellons dormantes. Elles font ainſi nommées, parce qu'elles ne pouſſent point de bois étant trop foibles , & elles donnent beaucoup de fruit pen- dant deux ou trois ans; on devroit plutôt les nommer rampantes , n'ayant pas la force de ſe foûtenir.

Voilà en partie ce qu'on peut dire de l'éducation des arbres ; ceux qui les ſçauront bien tailler les trois premie- res années, n'auront pas de peine à continuer , en ſuivant toûjours les mêmes regles.

Remarques ſur les arbres mal-élevez.

JE ne puis me defendre de dire quelque choſe des arbres qui font mal-élevez ; puſieurs de mes amis m'ayant engagé de leur donner quelques moyens pour remettre les leurs ; ou au moins qu'ils puiſſent éviter qu'ils ne s'achevent de ruïner. Je ne puis les ſatisfaire, ſans leur faire remarquer à l'œil les fautes qu'ils ont commiſes dés qu'ils ont planté leurs arbres. Pour ce ſujet, j'ay fait graver trois Figures deſſignées aprés le naturel. La premiere eſt d'un arbre qu'il y a trois ans qui eſt planté. La ſeconde eſt celuy que j'ay recoupé il y a un an. La derniere eſt d'un autre, qu'on ne vouloit pas que je taillaſſe, & qu'on coupa à ſa fantaiſie.

DIXIE'ME FIGURE.

A. *Tige de l'arbre.*

B. *Où on a coupé l'arbre en le plantant.*

C. *Où on a coupé les branches de la ſeconde année.*

D. *Où on les a coupé la troiſiéme année.*

E. *Où on auroit dû couper les branches à bois.*

F. *Où on auroit dû couper celles à fruit.*

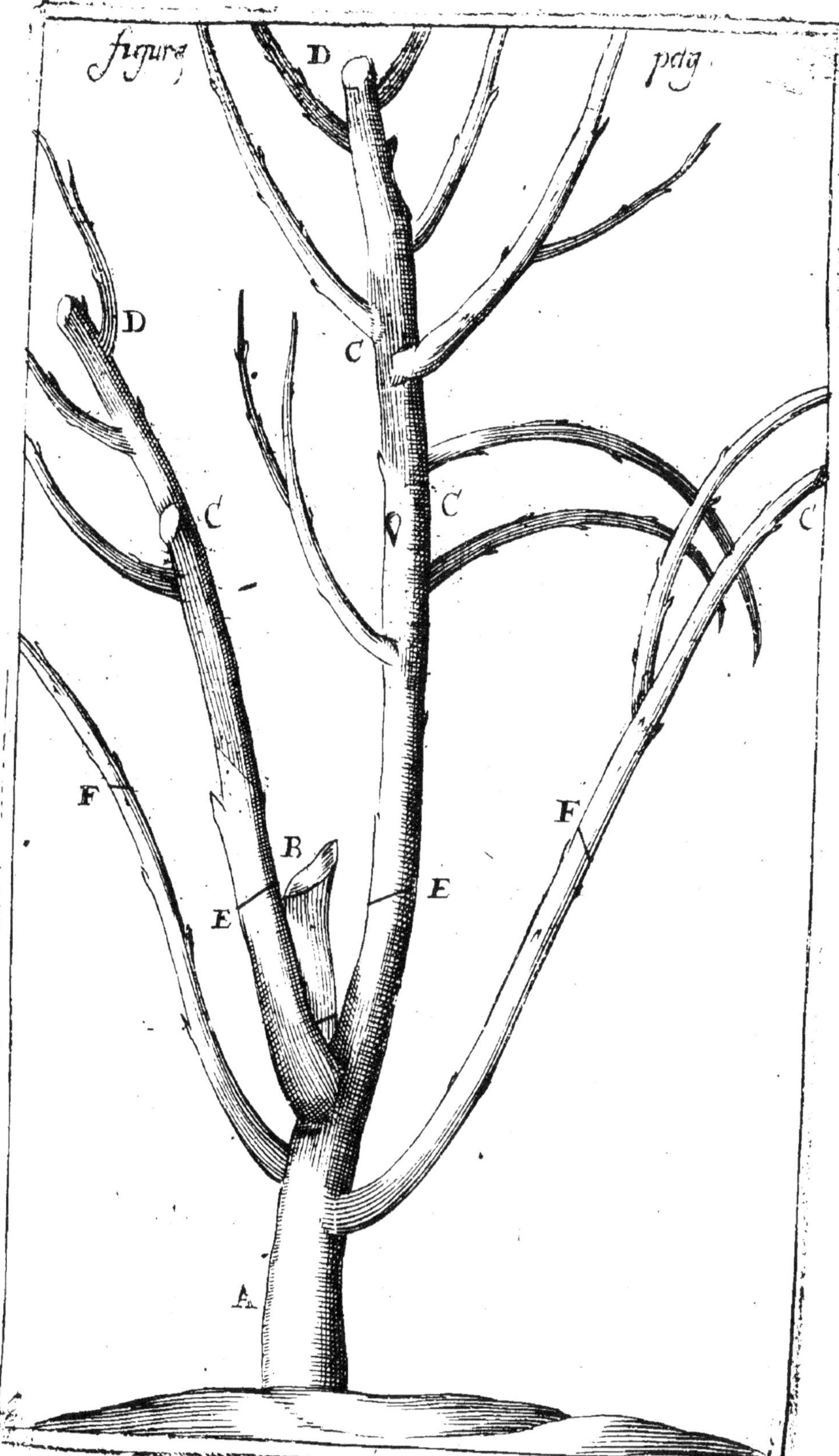
figure
D
pag
D
C
C
C
C
C
F
F
B
E
E
A

Observations sur la X. Figure.

I.

IL faut en premier lieu remarquer qu'en plantant l'arbre, on a laiſſé la tige (A) trop longue, & que cette grandeur eſt inutile ; puiſque de deux pieds de longueur qu'on luy a laiſſé, il n'y a creu que quatre branches, & que ces quatre branches ſont ſorties à l'extremité. Que ſi on avoit coupé ladite tige à neuf pouces, ces mémes branches ſeroient auſſi bien venuës ; puiſque de cette longueur de neuf pouces, il y a des arbres qui pouſſent quelquefois juſqu'à dix & douze branches.

II. D'autres perſonnes plantent leurs arbres, comme ils les arrachent, où comme il les reçoivent d'autres endroits, ſans leur ôter les chevelus ou fibres, ny preſque leur rafraichir les racines ; & leur laiſſent toutes les branches. Ces gens-là n'ont pas remarqué que ce chevelu pourrit en ter-

re , & qu'il n'y a que les racines for-
mées qui en pouffent d'autres ; & que
toutes ces branches qu'on laiffe font
fouvent mourir l'arbre. Les racines
n'ayant pas encore pris de nourriture , elles n'en peuvent pas donner à
ces branches. De plus elles alterent
le pied de l'arbre, la féve étant comme obligée de fe communiquer par
tout , & le Soleil la feiche avant qu'elle fe foit répanduë.

III. On fe fert de toute forte de
plant ; fans examiner s'il eft bien
greffé ou non , s'il eft bien vigoureux.
Pourveu que ce foit un arbre , on le
plante , fans regarder qu'on fait occuper une bonne place à un méchant arbre ; & que fouvent quand il doit donner du fruit , on eft obligé de le regref-
fer , ou de l'arracher , pour en planter
un autre.

IV. Les fautes que l'on commet
en taillant les arbres , ne font pas
moins grandes , que celles que l'on
fait en les plantant. Il feroit à fouhai-

ter que ceux qui fe mêlent de tailler,
vouluffent donner quelques heures
de leur loifir à obferver ce que la Nature fait ; ils verroient qu'elle tient un
fi bel ordre dans toutes fes opera-
tions, qu'il eft impoffible de les voir
fans les admirer. C'eft à quoy un veritable Jardinier devroit s'attacher ;
& c'eft ce que la plufpart ne font pas.
Je ne dis pas cela fans raifon, ayant
veu des Jardiniers, (ou foy difant) &
quelques-uns appartenir à de Grands
Princes, ne pas fe donner la peine de
prendre une ferpette pour couper leurs
arbres, & fe fervir de cifeaux avec
quoy on tond les Buis. D'autres fe
fervir de la ferpette à la verité ; mais
avec fi peu de difcretion, qu'ils fai-
foient affez paroître qu'ils n'étoient
Jardiniers que de nom. Car on ne
peut pas dire qu'un homme foit Jardinier pour tondre des arbres, ratiffer
des allées, planter des choux, & des
legumes, deffigner des Parterres, là
où il n'y a rime ny raifon, nommer

une Kyrielle de Simples ; toutes ces
gens-là , dis-je , ne font pas Jardiniers
qui occupent des places confidera-
bles , & abufent leur Maître , ou plutôt luy dérobent fon argent, pour ainfi dire. Si vous demandez à ces gens-
là s'ils font Jardiniers , ils vous répon-
dent d'abord qu'ouy , & des plus habiles ; & en même temps vous mon-
treront une grande Patente en par-
chemin , bien fignée , paraphée , &
feellée d'un homme qui en fçavoit autant qu'eux , ou s'il avoit quelques
fciences de plus, il les leur avoit ce-
lées ; & aprés avoir veu ces lettres ,
qui oferoit fans pecher douter du pro-
fond fçavoir de leur porteur ? Je crois
que je ne fais pas plaifir à grand nombre , car la verité n'eft pas toûjours
bonne à dire ; mais il n'importe, on
ne peut pas affez declamer contre l'ignorance ; peut-étre que les gens fça-
vans m'en fçauront gré ; & c'eft de
ceux-cy , que je dois pratiquer l'amitié, afin de pouvoir m'inftruire de

quantité de chofes que j'ignore, & qui
touchent ma profeffion. Je me fais un
grand plaifir de confulter ceux de qui
je crois pouvoir tirer quelques inftructions, & je travaille journellement
pour me rendre capable de fervir
L'ILLUSTRE PRINCE, qui a la
bonté de me fouffrir à fon fervice. Je
ne fuis pas de ceux qui croiroient flé-
trir leur reputation à voir, & confulter les perfonnes de qui ils pourroient
fouvent tirer de bonnes inftructions;
au contraire je crois que c'eft une des
chofes les plus loüables; & qu'un hon-
nête homme fe fait un plaifir de faire
part de fon fçavoir à fes amis. Je ne
fuis pas, dis-je, du nombre de ceux
qui croyent avoir toutes les fciences
en partage; je fçay que la vie d'un
homme eft trop courte pour en pouvoir apprendre une à fond. Enfin je
fouhaite que tous ceux qui entretien-
nent des Jardiniers, puiffent avoir
quelque connoiffance des ouvrages
qu'ils leur font faire; afin de leur fai-

re rendre raiſon des choſes qu’ils en-
treprennent, ils en ſeroient mieux
ſervis, & prendroient plus de plaiſir
aux dépenſes qu’ils font dans leurs
jardins. En voilà aſſez dit ; je m’ap-
perçois que je m’écarte de mon ſujet.
Je dis donc que les branches ayant été
laiſſées à l’arbre de quatre pieds de
long, quand on les a taillé la premiere fois, (C) il n’y en eſt revenu que
deux autres à leur extremité ; & que ſi
on avoit coupé les deux plus groſſes
plus courtes, (E) ces mémes branches ſeroient ſorties plůs bas ; & auroient pû garnir le pied de la muraille, contre laquelle l’arbre eſt planté.
Les deux foibles ayant été coupées
auſſi trop longues, elles ſe ſont trop
affoiblies ; que ſi on les avoit coupé
en l’endroit marqué, (E) la ſéve
n’ayant pas de force, elle auroit laiſſé
la liberté aux boutons qui ſont deſſus,
de ſe former à fruit. Que ſi ces branches foibles en avoient pouſſé d’autres
à leur extremité ; on les auroit pû cou-

per aprés à demi-bois ; & le bois que l'on y auroit attendu, n'auroit pas empesché le fruit de venir au deſſous. Quand on a taillé l'arbre la ſeconde & la troiſiéme année on n'a pas laiſſé les branches moins longues que la premiere année ; ainſi on voit un ar-bre de trois ou quatre ans ſurpaſſer les planches contre leſquelles il eſt expo-ſé, quoy qu'elles ſoient de huit pieds de haut ; ce qu'il ne devroit faire que la ſeptiéme ou huitiéme année. Et étant au deſſus des planches, on coupe aprés tous les ans les branches qui les ſurpaſſent dans le méme endroit, de ſorte que l'on fait d'un arbre fruitier, une téte d'oſier.

*Ce qu'on peut faire aux arbres
mal-taillez.*

ONZIE'ME FIGURE.

A. *Tige de l'arbre.*

B. *Grosses branches ravalées il y a
un an.*

C. *Nouvelles branches que l'arbre a
produites.*

D. *Où il faut couper les nouvelles branches.*

E. *Où on auroit pû ravaler l'arbre,
s'il n'avoit pas été si vieux.*

IL est difficile de pouvoir remedier
entierement à un arbre, quand il est
trop vieux; tout ce qu'on luy peut
faire, est de luy ravaler les grosses
branches(B) aussi bas que l'on peut ;
pourveu que l'on voye quelque apparence qu'il en puisse repousser d'autres. Celuy dont on voit icy la figure,
étoit beaucoup au dessus des planches; je luy recoupay l'année passée
les branches aussi courtes que je pû;

fuars
P
C
C
L
C
D
C
D
B
D
B
D
B
D
C
B
E
B
E
C
E
B
E
D
C
C
B
D
fuars

l'on voit par les jeunes branches qu'il a repouſſées (C) qu'il n'eſt pas hors d'état d'étre remis, en recoupant ces nouvelles branches courtes, (D) il ſe regarnira facilement. Il faudra obſerver de laiſſer, comme nous avons déja dit pluſieurs fois, les branches menuës longues, & les groſſes courtes. Mais tout cela ne pourra pas faire regarnir le bas des planches. S'il n'avoit pas été ſi vieux, je l'aurois ravalé juſqu'aux endroits marquez, (E) mais je ne voyois pas d'apparence qu'il pût repouſſer ſi bas. On auroit dû paliſſer les nouvelles branches dans l'Eté, ce qu'on n'a pas fait.

DOUZIE'ME FIGURE.

A. *Tige de l'arbre.*
B. *Où on devroit avoir coupé les branches.*
C. *Où on les a coupé.*
D. *Branches qui ſe croiſent.*

L'Arbre de la douziéme figure, auroit pû étre plus facilement re-

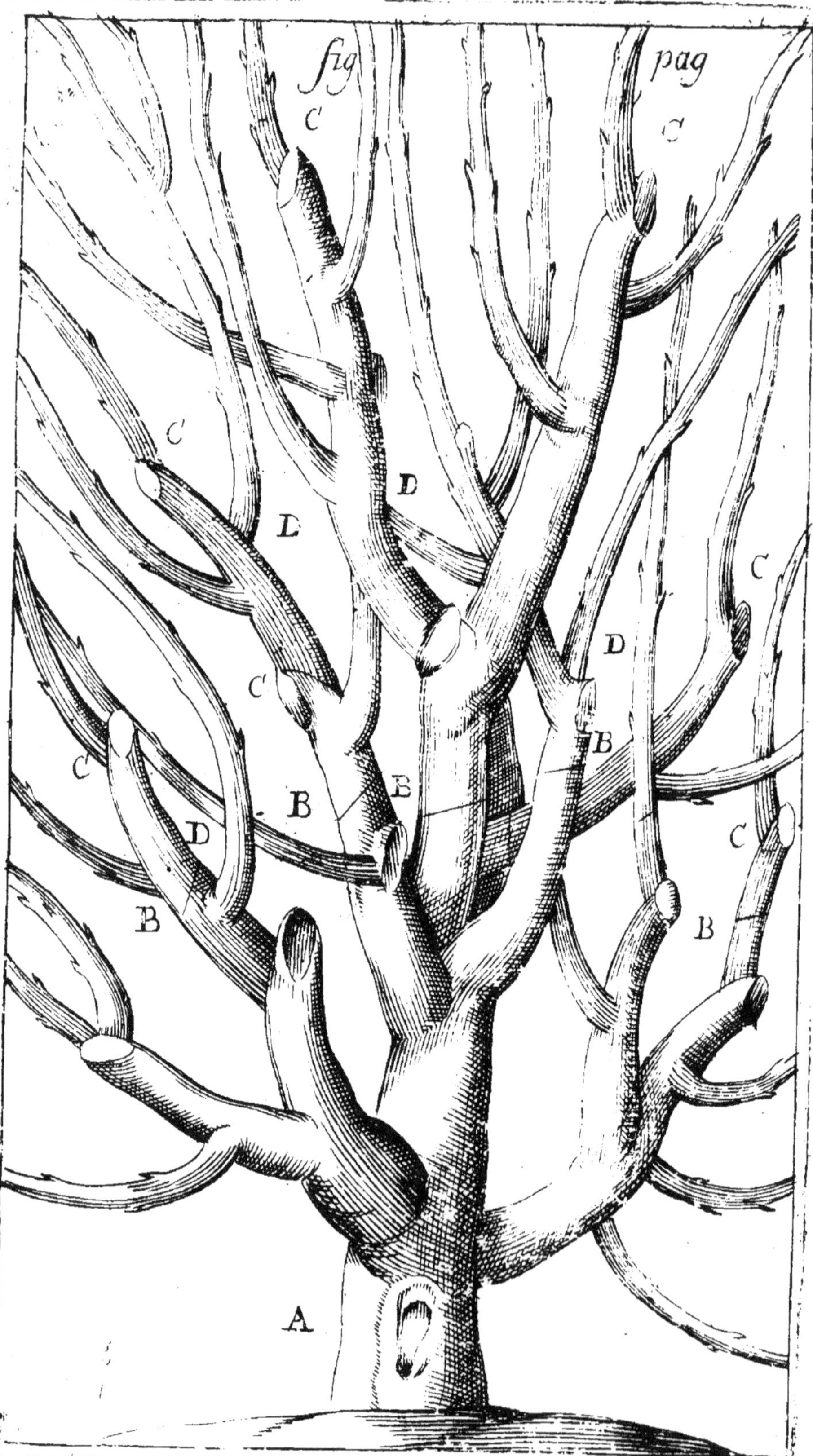

fig
pag
C
C
C
D
D
C
C
D
C
C
B
B
D
B
D
B
B
C
C
B
A

mis, que celuy dont nous venons de parler, parce qu'il a des branches qu'on auroit pû couper plus bas ; & fur lefquelles, il en auroit pû repouffer d'autres. Il eft vray qu'il n'y a encore rien à defefperer, fi l'on coupe les groffes branches (C) courtes, car il eft garni de bois par tout. Il n'y a que pour le paliffer proprement qu'il eft difficile d'en venir à bout ; car prefque toutes les groffes branches (**D**) fe croifent les unes fur les autres, faute tres-grande, & qui ne fe peut fouffrir ; non plus que de lier, ou plutôt fagoter plufieurs petites branches enfemble. C'eft là où on remarque le plus l'ignorance du Jardinier. On ne la remarque pas moins, quand au lieu de paliffer ces arbres l'Eté, il en coupe la plufpart des branches, ce qui ne fe peut pardonner abfolument. Car fi ce font de groffes branches qui doivent étre pour bois, en les coupant dans l'Eté, on oblige la féve à prendre un autre cours, ce qu'elle ne peut faire, fans que les yeux qui font au deffous de la coupe ne fe crevent, & que d'une forte branche il en revienne trois ou quatre foibles & tendres, qui n'ont pas fouvent la force de refifter à la rigueur de l'hyver. Que fi ce font de petites branches ce font celles à fruit. En les ôtant tout-à-fait, on ôte le fruit; fi on les coupe par le milieu, les yeux qui font fur ce qui refte de la branche creveront; la féve s'ouvrant des paffages, les boutons qui étoient difpofez pour fruit feront avortez. Ceux qui fe fervent de cerceaux, pour faire, ou tenir leurs arbres ronds, marquent par là leur peu de fcience, en ce qu'ils font voir aux yeux de tout le monde qu'ils ignorent les moyens de les figurer par la taille. Je ne comprends en verité pas, comme on peut faire d'un arbre, une figure de ruche pour les mouches à miel; joint que je ne vois pas qu'on profite trop du lieu où l'arbre eft planté, puis qu'on ne peut avoir qu'un rang de branches,

liées autour de ce cercle, au lieu que
par la taille, on en peut avoir six,
huit, & plus, sans qu'il y ait de con-
fusion, & que cela puisse empécher le
fruit de meurir, l'arbre étant ouvert
dans le milieu comme il le doit étre.
D'autres font de leurs arbres des Ruchoirs *en ne laissant dessus que cinq,
ou six grosses branches toutes nuës,
& ôtent tous les ans les nouvelles qui
croissent dessus, parce, disent-ils, que
ces menuës branches ôtent la force de
l'arbre, & empéchent le fruit de de-
venir bien gros. Je n'aurois jamais
fait, si je voulois dépeindre toutes les
figures que l'on donne aux arbres,
ou plutôt toutes les manieres dont on
se sert pour les defigurer. Je finis en
disant que l'on ruine plutòt les Peschers, & les Abricotiers que tous les
autres arbres; la raison est que l'on les
taille ordinairement aprés l'hyver,

---

* Ruchoirs sont de certains crochets de bois qui sont sur une
branche, dont les Villageoises se servent en France à pen-
dre leurs pois à lait, pour les faire secher.

& que dans ce temps-là, les boutons
à fleurs commencent à paroître, venant toûjours fur le jeune bois, & jamais fur le vieux, ce qui n'arrive que
rarement aux autres arbres. De plus
les fleurs viennent auffi bien fur les
groffes branches, que fur les menuës ;
au contraire des autres arbres, où les
fleurs ne viennent que fur les dernieres : Quoy qu'il vienne des fleurs fur
ces groffes branches, il n'y vient pas
du fruit pour cela, elles tombent toutes, & je ne fçache pas avoir de ma vie
vû une Pefche fur une groffe branche.
Ceux qui n'ont pas toute l'experience
neceffaire font un grand fcrupule d'ô-
ter de leurs arbres, une branche là où
il y a tant de fleurs ; ainfi ils voyent
perir leurs arbres en peu d'années,
fans les pouvoir remettre ; car les Pefchers & les Abricotiers ne repouffent
jamais fur le vieux bois, comme nous
l'avons déja remarqué plus haut.
Que fi j'avois des Pefchers de cette
nature, je n'hefiterois pas d'un mo-

ment à les arracher; non plus que
ceux qui font entachez de la gomme;
pour en replanter un autre dans la méme place, afin de l'occuper; car les
lieux où on doit les planter font pre-
cieux, ne devant être que le long des
murailles ou planches; encore cette
derniere expofition de planches n'eft
pas trop fouveraine pour les Pefchers;
à caufe que quand le Soleil donne
bien fort contre, elles s'échauffent
d'abord, & elles brûlent le fruit qui y
touche, & auffi-tôt que le Soleil ne les
regarde plus, elles deviennent froi-
des; ainfi elles vont dans un moment
d'une extremité à l'autre, ce que ne
fait pas la muraille; car il faut du
temps avant que le Soleil l'ait échauffée, & quand elle l'eft, elle ne fe re-
froidit pas fi-tôt, ainfi elle demeure
prefque toûjours temperée durant
l'Eté que les fruits font fur les arbres.
De plus on ne peut fi bien joindre ces
planches enfemble, qu'il ne refte toûjours quelque ouverture, le vent ve-

nant à paſſer par ces ouvertures brouït toutes les fleurs qui ſe rencontrent vis à vis ; que s'il y vient par hazard quelques fruits, ils ſont toûjours pleins de taches. Je conſeillerois à ceux qui peuvent faire la dépenſe, de faire des murailles, non ſeulement à cauſe que les fruits qui ſont expoſez contre, viennent meilleurs, mais c'eſt qu'une bonne muraille durera plus que ſix, & huit planches.

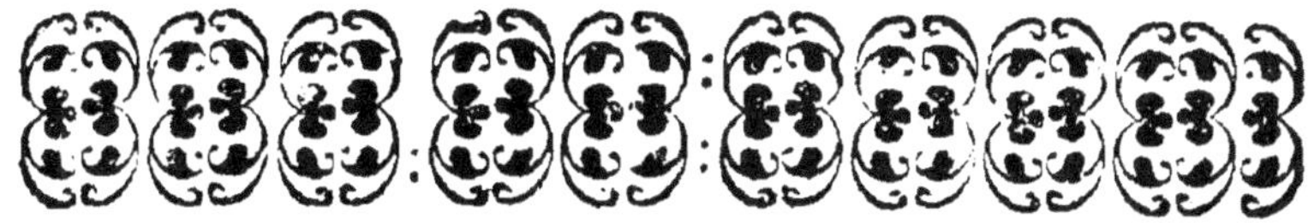

RECUEIL

DES PLUS EXCELLENS
FRUITS SELON L'ORDRE
DE LEUR MATURITE'.

Omme il y a plusieurs Auteurs qui ont écrit des Arbres ; ils ont en méme temps inseré dans leurs ouvrages des Catalogues exacts de tous les Fruits , tant vieux que modernes. C'est pourquoy je renvoye les curieux du grand nombre de noms, à ces Messieurs. *Pour moy je me suis reduit à un certain petit nombre des plus exquis ; tant de ceux qui me sont connus, que d'autres qui ont été choisis par Monsieur de la Quin-

* Le Jardinier François:
  Instruction des bons fruits.
  L'abregé des bons fruits.

TINIE, pour mettre au nouveau Potager de Verſaille, & dont nous avons tous les mémes au Jardin de Son Excellence Monseigneur le Comte de Platen à Linden. Je crois que ce petit nombre ſuffit, pour bien remplir un jardin, quelque grandeur qu'il puiſſe avoir. Et que leurs fruits ſuffiront pour orner les meilleures tables, puis qu'il y en pourra avoir de ſix ou huit eſpeces differentes, meures toutes à la fois.

Nous prendrons les poires les premieres, comme celles dont il y en a le plus grand nombre.

En Juillet ſe mangent.

Le petit Muſcat de ſept en geule, eſt la plus hâtive de toutes, elle eſt fort petite, & ne dure guere, il ne la faut mettre qu'en eſpalier, deux ou trois arbres ſuffiſent.

Le Citron des Carmes ſuit aprés, elle eſt plus groſſe que la premiere, elle veut la méme expoſition.

Muſcat à longue queuë, ainſi nommée parce qu'elle l'a fort longue ; elle est aſſez groſſe, & eſt fort bonne pour une poire hâtive.

Bourdon muſqué eſt rond, a l'eau fort relevée, il la faut manger un peu verte, car êtant trop meure, elle noircit ; on la nomme auſſi *Muſcat hatif*.

Magdeleine, eſt plus verte que jaune & preſque ronde, elle ne ſe garde pas, devenant pâteuſe ſur l'arbre.

Belliſſime, eſt aſſez groſſe pour être hative, c'eſt une poire foüettée de rouge ſur un fond jaune, & eſt d'un goût fort relevé, quelques uns la nomment *Figue muſquée*.

Cuiſſe Madame, eſt une poire fort connuë, elle eſt longue, & menuë, d'un rouge gris ; elle a la chair ferme, l'eau fort douce, & ſe garde aſſez ; elle eſt fort eſtimée.

Suprême, eſt groſſe, d'un rouge jaune, ayant l'eau fort ſucrée, il la faut manger un peu verte, eſtant

E

trop meure elle devient cotonneufe.

Le gros & petit Blanquet, font efti-mez ; ce font Poires jaunes , qui ont l'eau fort relevée , & fe gardent affez de temps , quelques-uns nomment le gros, *Mufette d'Anjou* , & le petit, *Poire de Perle*.

Poire à la Reyne , eft excellente, quoy que petite ; elle eft fort jaune & ambrée , & dont l'arbre charge beau-coup ; on la nomme auffi *Mufcat Robert*.

Dans le mois d'Août.

Orange verte , eft un peu moins groffe que les autres Oranges , elle eft fort bonne.

Roy d'Eté , eft toute rouge, lon-gue , & menuë vers la queuë , qui eft longue , elle ne fe garde pas long-temps,

Epargne eft groffe , longue & jau-ne ; fon Arbre charge beaucoup , il la faut cueillir un peu verte , en étant meilleure , & fon beuré en eft plus fo-lide ; quelques-uns la nomme de S. *Sanfon*.

Moüille-bouche, est grosse, ronde, verdâtre, fondante ; il la faut cueillir un peu verte, autrement elle devient cotonneuse ; son arbre charge beaucoup ; elle est aussi nommée, *Coule-soif*, & d'autres l'appellent *Franc-Real d'Eté*.

Chair-Adame, a l'eau rosate, elle est ronde, rouge, & jaune, marquetée de verd brun, & amenuisée vers la queuë ; elle ressemble au Rousselet, se garde long-temps sans mollir, elle est excellente, on la nomme aussi *Poire de Prince*.

Ognonnet, est ronde, plate, & jaune faite en oignon ; elle a l'eau fort musquée, & relevée ; elle est sujette d'être pierreuse.

Gros Rousselet de Rheims, est estimée pour une des meilleures Poires d'Eté, c'est une Poire longue, rouge, qui est beurée, & musquée, son fruit vient gros & beau en Espalier, elle vient fort bien aussi en Buisson.

Petit Rousselet, est plus roux &

gris, ne mollit pas si-tôt que le premier, son arbre rapporte en toutes fortes de manieres, & on en met en differentes expositions pour en avoir plus long-temps.

Caſſolette, eſt longue & verdâtre; elle a l'eau fort muſquée, & eſt excellente, il la faut manger tôt, autrement elle noircit; on la nomme auſſi *de Friolet, Muſcat vert, Tâte-Ribaut, & Dépot de Sillery*.

L'Inconnuë-Chéneau, eſt plus longue que ronde, a ſon eau fort relevée & bonne; on la nomme auſſi *Fondante de Breſt*, aſſez improprement, étant caſſante, & non pas beurée.

D'Orange, il y en a de pluſieurs eſpeces; *l'Orange muſquée* eſt plate, veut être mangée un peu verte, autrement elle molit; *l'Orange Royalle*, eſt plus groſſe, belle, & fort bonne; les autres Oranges veulent être mangées un peu vertes, autrement elles deviennent cotonneuſes quand elles meuriſſent ſur l'arbre, c'eſt à mon

goût une des meilleures Poires caſ-
ſantes.

Robine eſt plate & ronde, vient
par bouquets, a la chair dure, elle eſt
tres-muſquée & des meilleures; elle
eſt auſſi nommée *d'Averat*, *& Muſcat d'Août*.

Sans peau, eſt une Poire qui ne
m'eſt pas encore connuë.

Bon-chrétien muſqué, a la peau
jaune & licée, ſa chair eſt dure, eſt
plus ronde & plus petite que le Gratioli. C'eſt une des Poires la plus recherchée, d'un goût fort relevé, & a
l'eau fort ſucrée.

Dans le mois de Septembre.

Gratioli, ou *Bon-chrétien d'Eté*,
ordinaire, eſt une groſſe Poire jaune,
tendre, lice & longue, a l'eau bonne
& fort ſucrée. C'eſt un tres-bon fruit.

Salviati, eſt ronde & plate, aſſez
groſſe, jaune & belle, elle a la queuë
longue & menuë, elle eſt d'un beure
fort ſolide.

De Mon-Dieu, eſt belle, d'un jaune rouge, avec aſſez d'eau ; ſon arbre charge beaucoup, ſon fruit meurit deſſus l'un aprés l'autre.

Verte longue, eſt fort beurée & fondante, & d'une eau fort relevée ; elle eſt toûjours verte, quoy que meure, d'où elle a tiré ſon nom.

Angleterre, eſt moins jaune que blanche ; elle eſt tres beurée, il la faut cueillir un peu verte, & la manger de méme, autrement elle molit bien-tôt.

Beuré Rouge, eſt une groſſe Poire longue, non pointuë, fort colorée ; elle porte le nom de beurée par excellence, ſon eau eſt fort ſucrée & relevée. C'eſt la plus fondante de toutes les Poires, & la meilleure de l'Automne.

Beuré gris, eſt un peu plus tardif que le rouge, moins âpre & plus fondant.

Beuré verd, eſt le moindre de tous, ſon eau étant plus fade, & moins relevée.

Doyenné, eſt couleur de Citron,

grosse & fort bonne, est tres-fondante, & a son eau fort sucrée; on la nomme *Beurré blanc*, d'autres *Poire de
Neige*, & la *Bonne-Ente*.

Caillot rosat, est une poire plate,
d'un gris jaune, qui a la chair ferme,
l'eau rosate & sucrée.

Dans le mois d'Octobre.

Misire jean blanc, est rond & plat,
son eau douce, est sujet à la pierre.

Misire-jean d'oré ressemble au premier, est plus relevé en couleur &
goût, quoy que moins tendre.

Misire-jean gris, est plus que les
deux premiers, il se garde long temps,
& dont l'eau est tres-sucrée & extraordinaire; il est fort estimé en France,
mais icy, il devient tout flétri & a peu
de goût, je crois que si on en met-
toit en Espalier contre des murailles ou planches, il viendroit meilleur.

Sucre-verd, est une poire assez grosse, semblable à la verte longue, elle
est toûjours verte & tres-beurée, dure

assez long-temps, c'est un excellent fruit.

Bergamotte d'Automne , est verte, plate, lice, c'est une poire fort beurée , qui perd son verd en meurissant; elle se garde long temps. Il faut planter son arbre en Espalier , à l'exposition du Levant, ou du Couchant, & n'en point mettre en Buisson , car il n'y reüssit pas , son bois y devient tout galleux , & les branches meurent toutes les unes aprés les autres.

Bergamotte Suisse , est toute rayée de verd & de jaune , & a son bois de méme ; c'est une poire plate & tresbeurée , & que l'on estime fort , il la faut mettre en Espalier, comme l'autre Bergamotte.

Voye aux Prestres, est grosse , ronde & verte , est assez bonne , étant mangée à propos , autrement elle devient pâteuse , quelques-uns la nomment *Poire de Cadet.*

Petit-oin est d'inégale figure, assez grosse, & presque ronde , plus verte que jaune ; elle eſt fort beurée & delicate, ſon arbre charge beaucoup & ſouvent.

Bezy de la motte, ne m'eſt pas encore connuë, c'eſt une Poire nouvelle qui eſt en eſtime.

Bezy-d'hery, eſt aſſez groſſe, ronde, jaune & lice ; elle eſt meilleure cuite que cruë.

Chat-brûlé, eſt un peu longue, aſſez pointuë, fort brune & fondante, dont l'eau eſt bonne, il la faut manger promptement, autrement elle devient pâteuſe, on la nomme, *Pucelle de Xaintonge*.

Amadotte eſt plate, jaune, lice, ſeche & muſquée, elle dure aſſez, & eſt ſujette à la pierre.

Lanſac, eſt petite, ronde, lice & jaune, elle ſe garde juſqu'au mois de Janvier, elle eſt tres-beurée, & une des meilleures Poires, ſon eau ſucrée la fait nõmer *Frachipanne d'Automne*.

Dans le mois de Novembre.

La Virgoulée, eſt une des plus excellentes poires qu'on puisse manger tout l'hiver. Elle est grosse, longue & verte, son verd se change en meurissant, devenant jaune, elle est tres-fondante, & d'un beuré solide & extraordinaire; si on veut la manger bonne, il ne la faut pas cueillir si-tôt, car elle se flétrit, on peut planter son arbre en Buisson, & au Levant & Couchant en Espalier, il ne faut pas mettre le fruit sur la paille, ny sur des planches de sapin, ny autre bois qui ait quelque odeur, car elle en prend le goût, c'est un fruit dont on ne peut trop avoir dans le Jardin.

Ambrette, est verdâtre & grise, & quelque-fois blanchâtre dans les terres sableuses; elle est ronde tres-beurée, il ne la faut pas cueillir trop tôt, autrement elle se fanne, c'est une des bonnes poires qui se mangent durant l'hiver.

Marquise, est raisonnablement grosse & verte, en meurissant elle devient jaune, sa queuë est longue &

menuë, son eau est musquée & fort douce, c'est une poire fort beurée, & qui approche assez de l'Epine-d'Hiver.

Epine d'Hiver, est presque ronde tirant sur l'ovalle, ayant une petite tette vers la queuë qui la rend un peu grosse & charnuë, c'est une poire des plus fondantes que nous ayons, son beuré qui est musqué, est le plus fin de toutes les poires d'hiver. Il y a *l'Epine Rosate*, qu'on tient être encore meilleure, ayant son beuré plus solide & plus musqué, elle est plus ronde que la premiere, & elle ressemble fort à l'Ambrette.

Loüise Bonne, est grosse, tres-longue faite en perle, blanchâtre & tres-beurée, elle dure long-temps, & est meilleure à la fin qu'au commencement, n'étant pas sujette à cotonner, ny à molire, c'est une tres-bonne poire.

Martin Sec, est plus longue que ronde, fort colorée, d'un gris rouge tavelé, elle a l'eau fort sucrée, on la peut manger bonne durant trois mois, & est fort estimée, elle est quelquefois sujette à la pierre.

Bezy de Quessoy, est petite, presque ronde, tres-brune & beurée, elle a l'eau excellente & vineuse, c'est une tres bonne Poire.

Dans le mois de Decembre.

Bezy-l'Echasserie, est assez grosse, presque ronde, en ovalle, verte, jaunâtre, quand elle est meure, elle est tres-beurée & musquée, & elle dure long-temps, c'est une poire rare pour sa bonté, car elle est bonne pendant plus de trois mois. On la nommoit cy-devant, *Muscat de Vilandry.*

Verte longue d'Hiver, est une poire tres-fondante, qui a l'eau & le beuré fort solide, elle dure plus de deux mois, & est rare, bonne & estimée. On la nomme autrement, *Mouille-bouche,* & *Epine-longue d'Hiver.*

Portail, est d'un gris brun, plate, & l'œil fort enfoncé, son eau en est tres-musquée, si on la veut manger bonne, il faut qu'elle soit presque passée.

S. Germain, est assez pointuë, & presque ronde, son beuré en est solide, l'eau tres bonne, & fort sucrée, elle est fort recherchée. On la nomme aussi, *Lasare*, & de *l'Arteloire*.

Presque toutes les poires que nous avons nommées les dernieres durent jusqu'au mois de Mars & d'Avril. Nous avons encore celles qui suivent jusqu'en May quoy qu'elles soient bonnes dés le mois de Decembre.

Dans le mois de Janvier.

Bon-chrétien d'Espagne, est le premier des Bons-chrétiens, c'est une grosse & tres-belle Poire, longue, c'est un rouge clair, dont la chair est delicate & tendre, quelques-uns la nomment *Bon-chrétien doré*, étant fort jaune, quand elle est meure.

Bon chrétien sans pepin, est fort long, jaunit en meurissant, il est le meilleur de tous.

Le Bon-chrétien verd, se conserve jusqu'en Avril & May, ayant beaucoup d'eau , & il jaunit en meurissant.

Le Bon-chrétien d'Angleterre, est fort brun, presque noir, est fort tendre, son eau tres-sucrée.

Gros Bœuré d'Hiver, est longue & grosse, un peu blanchâtre, elle est tres-fondante quand elle est meure, & ressemble au Bon-chrétien. C'est une poire fort estimée, étant rare & fort particuliere pour une poire d'hiver.

Orange d'Hiver, est grosse, ronde, verte sur l'arbre, elle jaunit en meurissant, elle a l'eau sucrée & bonne, & se garde long-temps.

Dans le mois de Fevrier.

Rousselet d'Hiver, ressemble presque à celuy d'Eté, est un peu long, & plus pointu vers la queuë, & n'a pas tant de couleur, son eau est excellente, sucrée & vineuse, c'est un fort bon fruit.

Gros Musc d'Hiver, est ronde & verte, qui jaunit en meurissant, son eau est excellente, fort relevée & musquée, & quoy que sa chair soit un peu brute, cela n'empéche pas que ce ne foit une fort bonne poire: Quelques-uns la nomment *Orange Mufquée* & d'autres *Poire de Magdaleine*.

Bergamotte Bugy, eft une grofſe Poire prefque ronde, menuë vers la queuë, d'un jaune verd, elle eft fondante & beurée, qui fe garde iufqu'au mois d'Avril. C'eft un excellent fruit, on la peut mettre en Buiſſon, & en Eſpalier. Les Italiens la nomment *Pera Spina*.

Colmar, eft mife la derniere, parce que je ne ſçay pas le veritable temps qu'on la mange. C'eft une Poire qu'il n'y a pas long-temps qui eft connuë, elle eft fort eftimée.

Je n'ay fait aucune mention des Poires à cuire, parce qu'elles ne font pas aſſez bonnes, pour occuper des places dans les Jardins, on peut fe fervir de la pluſpart de celles que nous venons de nommer, tant pour cuire, que pour confire.

Quoy que nous ayons mis les Poires dans chaque mois, ce n'est pas qu'elles ne meuriſſent quelque-fois plutôt, quelque-fois plus tard, ſelon que l'année eſt hâtive ou tardive. Car ſouvent on en mange une année quinze jours plutôt qu'en d'autres. De plus de celles que nous avons miſes les trois derniers mois, il y en a qui durent juſqu'à la fin de May, & pluſieurs ſont bonnes juſqu'à la fin d'Avril. Je n'ay fait mention d'aucunes Poires du Pays, car je ne les connois pas encore. Ce n'eſt pas que je ne ſçache qu'il y en a de tres-bonnes, comme la *Volckmerſche*, & la *Bergamotte d'Automne*. Si nous venons à une ſeconde Impreſſion je m'informeray des meilleures, & de celles de France qui reüſſiſſent le mieux dans ce Pays.

Remarques ſur les Poiriers.

Les Poiriers en general aiment plus la terre forte que la legere, plus la graſſe, que la maigre. Parce que c'eſt un arbre qui demande beaucoup de nourriture. Les Fruits qui viennent dans les bonnes terres, ont davantage d'eau, mais elle n'eſt pas ſi relevée. Quand on plante des Poiriers, il faut obſerver de mettre autant que l'on pourra, les Poires beurées & fondantes dans les lieux ſecs ; parce que l'eau en ſera plus douce; & elles deviendront moins pierreuſes. Et on doit greffer ces fruits beurez ſur coignaſſier, parce qu'il a la ſéve plus ſeche que le Franc. Ce qui les corrigera de leur plus grande acreté. Au contraire, on doit mettre les fruits ſecs & caſſans, dans les terres humides ; cela aidera à augmenter leur eau, & on doit les greffer ſur Franc ; car il a la ſéve plus abondante, que le coignaſſier ; ce qui leur aidera à ſe mieux perfectionner.

Si on veut manger long-temps des Poires beurées, il faudra en cueillir quelques-unes devant leur veritable maturité, cela les avancera de meurir ; les autres qui demeureront ſur l'arbre meuriront peu à peu.

Il faut laiffer les caffantes fur l'arbre autant que l'on pourra. Car fi on les cueille trop tôt, elles fe flétriffent, leur eau fe feche, & elles moliffent bien-tôt.

Des Pommes.

LEs Pommes ne tiendront pas tant de place dans ce Traité qu'ont fait les Poires. Quoy que ce foit un bon Fruit, je n'en voudrois p'anter que peu dans les Jardins. Une bonne Poire y étant toûjours à preferer à une Pomme; & je crois que bien des gens font de mon fentiment. Ce n'eft pas que je les en vouluffe bannir tout-à-fait, mais je n'y en voudrois mettre que quelques-unes, attendu qu'elles viennent bien toutes en plein vent. Il eft vray qu'elles ne font pas fi bonnes, ny fi groffes, que celles qui font en Buiffon. Celles que j'y voudrois mettre font,

La Paffe-Pomme rouge, c'eft la plus hâtive, elle eft fort tendre, fon arbre charge beaucoup, elle veut être mangée un peu verte, étant sujette à cotonner.

Paſſe-Pomme blanche, eſt plus longue & plus groſſe que la premiere, elle a plus d'eau, & ſe garde plus long-temps.

Paſſe-Pomme d'Automne eſt rare & excellente, elle reſſemble aſſez à la Paſſe-Pomme rouge hâtive, quoy qu'un peu plus groſſe, mais bien meilleure & plus rouge dedans; on la nomme en Hollande *Pomme de Jeruſalem.*

Calville d'Eté, eſt rouge dehors & dedans, c'eſt une eſpece de Paſſe-Pomme tres-excellente.

Couſinotte, eſt une petite pomme longue & aigrette, fort bonne, & qui vient bien en plein vent, & charge beaucoup.

Rambour eſt groſſe, ronde, rayée & foüettée de rouge; on la nomme autrement *Pomme de Nôtre-Dame.*

Rambour blanc, eſt gros & plat, a fort bonne eau; il la faut manger un peu verte, autrement elle devient pâteuse.

Rambour rouge, est la plus grosse des pommes d'Eté, elle se garde deux ou trois mois. C'est la Pomme qui est la plutôt cuite, & est d'abord en marmelade.

Reinette blanche, est tendre, n'a pas l'eau si relevée que les autres, & ne dure pas si long-temps. Elle vient meilleure icy que la grise, ne se fanant pas si tôt.

Reinette grise, est plus ferme que la blanche, dure plus long-temps, elle a l'eau fort sucrée & relevée. On l'estime pour la meilleure de toutes les Pommes.

Pepin d'Angleterre, est une espece de Reinette blanche, mais pas si grosse, ny si longue. C'est une tres-bonne Pomme.

Courpandu gris, il y a le gros & le petit, ils sont tous deux excellens, & de garde.

Courpandu rouge, est petit, d'une

eau relevée & tres-bonne.

Fenoüillet gris, eſt de deux ſortes, le gros & le petit, ſont bons tous deux, & ſe gardent long-temps. On les nomme auſſi *Pomme d'Anis*, à cauſe qu'en les mangeant il ſemble que l'on mange de l'anis muſqué.

Fenoüillet blanc : eſt rare, a le mé-me goût que les premiers.

D'Apie, eſt de deux ſortes, le gros & le petit ; ce ſont de petites pommes d'un rouge éclatant & tres-vif, du côté que le Soleil les regarde ; elle ſe garde long-temps, & toûjours pleine d'eau, & eſt fort eſtimée.

Les Pommiers demandent une terre qui ne ſoit ny trop forte, ny trop legere. La terre de marais, qui eſt trop humide, leur eſt contraire, & ils n'y vivent pas long-temps.

Des Peſches.

L A Peſche, eſt un des Fruits le meilleur, & le plus delicieux que nous puiſſions cultiver dans nos Jardins. On en mange depuis la fin de Juin jusqu'à la fin d'Octobre ; la plus hâtive est,

L'Avant-Pesche, elle est blanche & petite, a son eau fort douce & sucrée. Son arbre charge beaucoup, & les fourmis luy font fort la guerre.

Pesche de Troye, vient peu de temps aprés, elle est plus grosse & plus rouge que l'Avant-Pesche, a son eau plus relevée, & a meilleur goût.

Magdelaine blanche vient beaucoup plus grosse que les deux premieres ; elle est ronde, a peu de couleur. C'est la meilleure des Pesches, étant toute pleine d'eau. Il y en a une autre espece qu'on nomme *Magdelaine musquée*, qui est encore meilleure & plus rare.

Magdelaine rouge, est un peu moins grosse que la blanche, son arbre charge beaucoup, & son fruit est un des plus delicieux.

Mignonne, est une espece de Magdeleine hâtive, elle est plus plate que ronde, eſt aſſez groſſe & fort colorée dehors & dedans; elle a beaucoup d’eau & de goût. C’eſt la meilleure des Peſches.

Pavy blanc, eſt d’un goût fort relevé & fort muſqué Je ne mets dans ce
Catalogue que luy de Pavys, car je
les eſtime beaucoup moins que les
Peſches, étant plus difficiles à meurir, ont moins de goût, & moins
d’eau. Chacun ſçait que chaque Peſche a ſon Pavy. On les diſtingue par
leur noyaux. La Peſche quitte le
noyau, & le Pavy non; de plus les
Pavys ſont plus longs & moins ronds
que les Peſches, & ont un côté de
leur fruit plus haut que l’autre. Celuy icy eſt le Pavy Magdelaine. Il y
a le rouge, & le jaune qui ſe mangent
en méme temps.

Chevreuſe eſt longuette & aſſez
groſſe, eſt d’un rouge fort vermeil, &
d’une eau fort douce & delicate.

Bourdin eſt toute ronde, fort charnuë, & aſſez rouge d’une mediocre grosseur. Elle est mise au rang des meilleures Pesches ; son arbre charge beaucoup.

Pesche violette hâtive, est plus longue que ronde, fort fondante & vineuse ; son arbre charge des mieux, son fruit est lice & n'a point de boure, & est excellent.

Pesche violette tardive, est plus grosse que la hâtive, a bon goût quand l'Automne est seche. Je ne crois pas qu'elle reüssit icy ; car en France il la faut mettre à l'exposition du Midy, si on la veut avoir bonne, & qu'elle puisse meurir.

Admirable, ainsi nommée tant pour sa bonté & beauté, que pour sa grosseur ; elle est presque ronde, rouge & tres-fondante, & est fort estimée.

Pourprée, est grosse, ronde, d'un rouge brun velouté, charge beaucoup, est des plus excellentes, mais meurit un peu tard.

Persique est fort grosse, presque
ronde

ronde, un peu pointuë, & a souvent
des bosses par endroits; sa chair est
delicate & pleine d'eau; & est des
plus estimées.

Belle-garde est ronde, grosse, &
a fort peu de rouge dehors ny dedans.
Elle est tres-bonne, mais un peu tardive pour le Pays.

Rossane est jaune dehors & dedans, est longue & grosse; sa chair
est un peu seche. C'est une Pesche des
plus tardives; il n'en faut pas avoir
beaucoup dans ce Pays, ayant peine
à meurir, non plus que des autres
tardives.

Les Peschers en general aiment la
terre douce & legere; plus la seche
que l'humide. Ils veulent être expo-
sez contre les murailles ou planches.
Il faudra en mettre de ceux dont les
Fruits sembleront meilleurs, en trois
expositions; afin qu'ils meurissent
l'un aprés l'autre. Il n'en faudra mettre que peu au Couchant, ils n'y viennent pas si bien qu'au Levant, à moins

que ce ne fut contre une bonne muraille.

Je ne fais pas un article feparé pour
les Abricots, parce qu'il n'y en a que
de trois ou quatre efpeces. Ils demandent la méme culture que les Pefchers.

Des Prunes.

LA Prune, eft un des Fruits le plus
recherché d'aujourd'huy, tant
pour fecher, que pour confire & manger cruë. Les plus excellentes font,

Demas noir hâtif, a la chair jaunâtre, quitte le noyau, & eft une des
meilleures Prunes.

Damas rouge, eft rond & petit,
quitte le noyau.

Damas blanc, eft auffi rond.

Damas violet eft plus gros & plus
long que les deux premiers, il quitte
le noyau comme les autres.

Damas jaune, eft tavelé de rouge,
quitte le noyau, & eft une des meilleures Prunes, & des plus rares.

D'Abricot, eft blanche, groffe &

ronde, d'un tres-bon goût, & est une des meilleures Prunes. Il y a *la Jaune* qui est plus séche, & est moins estimée. *La rouge* l'est plus, étant plus grosse & meilleure.

Roche-Courbon, est grosse, ronde, & tres-excellente ; elle ne quitte pas le noyau.

Diaprée violette, est longue, & fort fleurie, quitte le noyau. *La blanche* est grosse & verdâtre. *La jaune* est une des meilleures Prunes, & des plus estimées.

Mirabelle, est une petite Prune blanche, quelque-fois tachetée de roux, elle a un goût fort musqué & relevé, elle quitte le noyau ; il y a la grosse & la petite, toutes deux égales en bonté, & fort recherchées pour la confiture.

Perdrigon blanc, est grosse & longuette, quitte le noyau, & est excellente cruë & confite.

Perdrigon violet, a la chair ferme, l'eau tres-sucrée & relevée. Elle a

été de tout temps fort recherchée, &
estimée, tant cruë que confite.

Perdrigon noir, est le plus petit,
a bon goût, ne quitte pas le noyau,
& est assez rare.

Imperiale, est rouge, grosse, longue & fort fleurie. C'est une excellente Prune, & fort recherchée. Il y
a *la blanche* & *la noire*; elles s'ou-
vrent fort net toutes.

Royale, est grosse & ronde, d'un
rouge clair, fort fleurie; elle a fort
bon goût, & a la queuë longue.

Maugerou, est ronde, violette
& grosse; elle quitte le noyau, & est
fort estimée.

Reyne-Claude, est verte, ronde,
un peu plate & quarrée, elle a la chair
ferme, quitte le noyau, & est une
des meilleures Prunes, & des plus
estimées.

S. Catherine; est blanche, grosse,
est plus plate que ronde; elle est
tres-sucrée & de bon goût, & est fort
recherchée.

Damas violet, est une Prune tres-bonne; il y a aussi le *Damas rouge*, & le *Damas noir*, toutes trois tardifs, d'un excellent goût, & rares; elles font des dernieres Prunes & des meilleures.

Les Prunes en general demandent une terre douce, & fabloneuse, plus feche qu'humide. Elles viennent bien toutes en Buisson. Il en faut mettre quelques-unes des plus estimées en Espalier au Levant, & au Couchant, & un peu au Midy, afin d'en avoir plus long-temps comme des autres Fruits.

Les Cerisiers demandent presque la même culture que les Pruniers. On n'en mettra point en Espalier; hors la cerise precoce.

Conclusion.

JE passe sous silence tous les autres Fruits, comme les Framboises, les Groseilles, &c. Si on veut en apprendre davantage; on pourra voir *l'Abregé des bons Fruits.* Il parle generalement de tous les Arbres fruitiers, tant fauvages que domeftiques.

Il n'eft pas neceffaire de parler de l'avantage que l'on tire des arbres taillez. L'experience le fait affez connoître. Car outre que c'eft l'ornement des Jardins, le fruit qui en vient en eft incomparablement meilleur. De plus hors le plaifir que nous avons de les voir croître, ils ne font pas fi fujets à être abatus des grands vents.

J'aurois eu lieu de m'étendre davantage, la culture des Arbres étant un fujet, où des plumes plus difertes que la mienne auroient un grand champ pour s'exercer. Mais mon deffein n'ayant été que de faire comprendre ce que plufieurs Auteurs qui ont écrit des Arbres, ont negligé de toucher, il me femble avoir dit en peu de mots ce qui eft neceffaire de fçavoir pour les bien tailler, & ce qui eft la principale partie de leur culture.

NOUVEAU TRAITE'

De la Culture des Melons sous un Climat tel qu'est celuy des Dix-Sept Provinces.

Comme le Melon est un des plus excellens Fruits, il est aussi l'un des plus difficiles à cultiver. Il luy faut de certains degrez de chaleur & d'humidité: quelque-fois il veut étre couvert, & quelque-fois il veut de l'air. Enfin on peut dire qu'il n'y a pas de plante commune en ce Pays-icy, qui demande plus de soin, ny qui donne plus d'exercice à ceux qui font leur plaisir du Jardinage.

Cette difficulté de bien cultiver les Melons étant generalement connuë, on a crû que les curieux seroient bien-aises de trouver icy la maniere dont on se peut servir, principalement dans ces Provinces, afin d'y bien reüssir.

Mais sur tout on est persuadé que ceux qui ne font que commencer à s'adonner au Jardinage, & à qui cette instruction épargnera la peine & le temps qu'il faut employer pour apprendre les choses par experience, seront ravis de trouver un moyen facile d'abreger un si long chemin. Il pourra même arriver que les uns & les autres, (je veux dire les experts & les novices,) en tireront de nouvelles lumieres ; puis que ce petit Traité part des mains d'un homme extrémement habile, & aussi experimenté sur la matiere dont il s'agit, ou peut-être plus, qu'aucun autre qui soit dans les Pays-Bas.

Pour preparer la terre, ou plutôt le terreau, où il faut former les Melons, on doit prendre avant l'hiver du fumier vieux de cheval & de vache, & une terre neuve mélée avec du sable blanc, & remuer souvent le tout ensemble. On prepare un baquet de planches attachées ensemble de la

longueur de la couche qu'on veut faire. On creufe en terre, & on y fait
une tranchée de la profondeur de
deux à trois pieds, felon que le terrein eft fec ou humide, & de la même
grandeur que le baquet : on remplit
cette tranchée, jufqu'à un demy pied
au-deffus du terrein, de fumier de cheval tout neuf, dont la paille fraîche-
ment imbibée du crotin & du piffat,
en conferve encore la premiere chaleur, afin que donnant beaucoup de
réchauffement au terreau, il faffe germer la graine & lever la plante.

Lors que la tranchée fera faite, &
que le baquet & le fumier y auront été
mis, on couvrira le fumier de huit ou
dix hottées du terreau, qui aura été
preparé, jufqu'à ce qu'il y en ait environ huit pouces d'epais, & on le couvrira d'abord de chaffis, & de pail-
laffons. Deux ou trois jours aprés
on percera du doit dans la couche
pour fçavoir fi elle s'échauffe ; car fi
le temps eft rude, cela pourra n'arri-

ver que quelques jours plus tard.

Les Melons fe fement au mois de Fevrier ou Mars, felon que la faifon le permet, c'eft à dire felon que le temps eft doux ou rude. Quelle que foit la graine dont on fe ferve on ne fçauroit s'affurer de la qualité du Fruit, ny de l'efpece de Melon qu'elle produira, parce que fouvent elle dégenere, & change en quelque maniere de nature; & que la graine qui eft dans les bouts, n'eft pas fi bonne que celle du milieu : ce qui fait que des graines forties d'un même Melon, & même également bien nourries à la vûë, produifent neanmoins des fruits bien differens, tant pour la figure & pour la couleur, que pour le goût.

On enfonce ordinairement la graine en terre de l'epaiffeur du doit, à un bon demy pied ou un peu plus de diftance l'une de l'autre. Il y a une autre maniere particuliere que peu de gens fçavent, mais dont fe font toû-

jours bien trouvez ceux qui l'ont pra-
tiquée. On enfonce le doit jufqu'à
la premiere jointure dans le terreau
fur la couche ; on y met les graines
de la diftance déja marquée ; & on
laiffe les trous ouverts. Lors qu'elles
ont germé & qu'elles commencent
à fortir, on tire bien doucement les
tiges qui s'élevent trop, & on remplit
de terre les petits trous d'où fortent
celles qui reftent, & qu'on avoit laif-
fez ouverts, afin que la graine ne
pourît pas. D'ailleurs, il eft certain
que la chaleur du fumier neuf qui eft
au fond de la couche, s'exhale par ces
ouvertures où l'air l'attire, & par où
elle trouve une voye plus facile de s'é-
vaporer. Ainfi la graine en eft beaucoup plus échauffée que fi elle étoit
fermée à champ, fur une terre unie &
horizontale, où la chaleur fe répan-
dant également par tout, fa force feroit diminuée par cette raréfaction.
Ceux qui auront la curiofité de faire
cette experience, en connoîtront fans

doute l'utilité, & verront la difference qu'il y a de cette methode d'avec
celle dont ils se feront servis auparavant.

Dés qu'on a formé les graines, on
couvre le baquet d'un chassis de vitres, sur lequel on met encore un pail-
lasson ou des nattes. Lors que le temps
est doux on les leve un peu, & on
donne de l'air à la couche, afin de
retarder la tige, de l'empécher de
pousser, & de s'elever trop promptement. Quelque-fois afin de tenir le
chassis plus long-temps ouvert, on
met les paillassons autour en brise-
vents, parce que comme l'air fortifie
les plantes, lors qu'il est d'une tem-
perature convenable, & qu'en ce cas
le plus qu'on leur en peut donner est
le meilleur, les brisevents, qui les ga-
rantissent des mauvais effets du vent,
& qui conservent la chaleur du Soleil qui s'est renfermée entre eux,
contribuent ainsi à entretenir un air
plus doux sur la couche; ce qui fait

qu'on peut sans danger tenir les chaf-
sis plus long-temps ouverts.

Qand la plante a quatre feüilles,
il la faut châtrer ou tailler en pinçant
le jet qui monte en-haut. Par ce
moyen on empéche qu'elle ne *s'étio-
le* ou s'alonge trop, & le pied en devenant *plus trappe*, les bras qu'il
pousse demeureront plus rampans sur
la terre, & ont plus de vigueur.

On transplante les pieds de Melons
quand ils ont commencé à faire leurs
bras. L'endroit où il faut les mettre
doit aussi être une couche, ou plusieurs couches, de longueur propor-
tionnée à la quantité des plantes
qu'on a, ou que l'on veut planter.
Cette couche se fait dans une tranchée de deux à trois pieds de creux,
& ordinairement de la méme largeur. On y met du fumier de cheval,
de la méme qualité qui a été ci-dessus
décrite, & on le foule un peu afin
qu'il s'échauffe, & que la chaleur en
soit plus grande. La couche ainsi for-

mée doit toûjours sortir d'un demy
pied hors de terre : on la couvre encore de chassis de vitres & de paillassons ; & lors qu'elle commence à s'é-
chauffer, on met dessus dix à douze
pouces d'épais de bonne terre, de la
qualité ci-devant marquée.

Quelques jours aprés, on perce
avec le doit dans la terre, pour connoître si elle commence à s'échauffer,
& lors qu'on luy trouve le degré de
chaleur necessaire, on y transplante
les Melons à trois pieds & demy de
distance l'un de l'autre. On les éleve de dessus leur premiere couche
avec le déplantoire de cuivre, ou de
fer blanc, afin qu'il demeure beaucoup de terre à leurs racines, & qu'elles ne s'éventent que le moins qu'il
est possible.

Quand tout est transplanté on re-
met sur la couche les chassis de vitres
& les paillassons : on les y laisse le
jour aussi bien que la nuit, de peur
que le Soleil donnant sur la tête des

plantes ne les faſſe faner, & qu'enſuite elles ne periſſent. Cela dure quatre, cinq ou ſix jours, plus ou moins ſelon le temps & la diſcretion de celuy qui les gouverne, & juſqu'à ce qu'il voye qu'elles ſont bien priſes & qu'elles commencent à avoir de la vigueur. Alors il ne les faut plus couvrir avec des paillaſſons que la nuit.

Que ſi peu-aprés que les Melons auront été tranſplantez, on remarque que la chaleur du Soleil ait été trop aſpre pour eux, & que les feüilles baiſſent, & ayent de la diſpoſition à faner, il leur faut donner un peu d'air, en élevant les chaſſis ſur des fourchettes de bois, ou ſur quelque autre choſe capable de les ſoûtenir. Pour peu qu'on ait d'experience au fait du Jardinage, on connoîtra aſſez ce qu'il faut leur donner d'air ; il n'eſt pas beſoin d'ajoûter icy des inſtructions particulieres ſur ce point.

Les Melons ne noüent que tres-rarement ſous les chaſſis & dans le

déclin de la Lune : c'eſt ordinairement à la nouvelle Lune, & ſi elle
paſſe ſans qu'on les voye noüer, on
doit preſque tenir pour aſſuré que cela n'arrivera qu'à la Lune ſuivante.
Il eſt aſſez ſurprenant qu'il y ait des
gens qui combatent cette experience, laquelle eſt ſi certaine, & qui a
été faite & reſtcrée tant de fois. Ils
ſoûtiendront tant qu'il leur plaira que
la Lune n'a aucune influence ſur les
plantes, & qu'elle ne leur cauſe ny
bien ny mal ; mais ils permettront à
ceux qui voyent tous les jours le contraire, de ne s'en pas rapporter à leurs
ſpeculations.

Quand les plantes des Melons
commencent à jetter des bras, il faut
neceſſairement   châtrer   juſqu'au
deuxiéme nœud le gourmand, ou le
bras qui prédomine, lequel eſt d'ordinaire materiel, large & épais, &
qui attirant trop de ſéve rend les autres bras veules & menus faute de
nourriture, en ſorte qu'ils ne peuvent

produire du fruit, il est bon aussi de
ficher de petits crochets en terre pour
soûtenir les bras & les y attacher, de
peur que les vents ne les gâtent, en les
agitant trop & les faisant rouler sur
la couche.

Vers la mi-May ou sur la fin du
mois, lors qu'il commence à faire un
temps doux, on ôte les chassis, les
paillassons, les brise-vents, & même
les baquets qui sont autour des couches, qu'on laisse par ce moyen en
plein air. Alors le Soleil, la rosée &
les autres influences produisent leurs
effets jusqu'à ce que le fruit soit en
maturité. Que si la saison étoit encore trop rude en ce temps-là, il faudroit
attendre à découvrir ainsi entierement la couche, car cela dépend de
la qualité du temps, & non du quan-
tiéme du mois.

Il faut bien se donner de garde de
laisser trop de bras à la plante, & trop
de fruits aux bras; ce qui est seulement
dit icy en general, parce que dans

le particulier la chose doit être remise
à la discretion du Jardinier, ou de celuy qui fait son affaire de cultiver la
couche, lequel laissera plus ou moins
de branches, selon qu'elles seront
fortes & bien nourries, ou menuës.

On connoît facilement les bonnes
fleurs, parce que le fruit y paroît aussi-
tôt que la fleur, & méme avant qu'elle s'épanoüisse par le bout. Alors si le
temps est propre le fruit noüe, & s'il
est fâcheux & contraire le fruit coule,
& à cela il n'y a point de remede.
Mais pour faire mieux noüer le fruit
dans les bonnes fleurs, & à l'avenir
dans celles qui ne paroissent pas encore, le secret est d'ôter les bources
des fausses fleurs, en les pinçant avec
les ongles aussi avant qu'il est possible; mais neanmoins sans toucher à
la branche où il y a du fruit. Par ce
moyen les fruits prendront vigueur,
& recevront un plus grand accroissement de la nourriture que tiroient les
bources. Cette methode abrege le

travail ; on fait plus en une heure qu'on n'a accoûtumé de faire en plusieurs jours ; & cela fait plus de bien au fruit, que tous les autres foins qu'on prendroit ne luy en fçauroient jamais apporter.

Si la couche fe trouve refroidie par quelque caufe que fe puiffe être, il ne faut pas manquer de la rechauffer. Pour cét effet, on creufe tout autour jufqu'à un pied & demy de profondeur, & on y met du fumier neuf de cheval : autrement les Melons couleroient & la plante même pourroit perir. Que fi aprés le rechauffement on voyoit encore la couche fe refroidir, il faudroit en faire un nouveau, en changeant le fumier. On couvre auffi ce nouveau fumier de terre pour la propreté, afin que la couche n'en foit pas defigurée.

Les Concombres fe cultivent à peu-prés de la même maniere : il y faut même encore plus de foin, & d'exactitude, fur tout lors qu'on veut en avoir de hâtifs; mais comme tous ces soins ne vont qu'à bien échauffer les couches, à les bien couvrir & à faire toutes les façons qu'on fait aux Melons, avec des ménagemens encore plus grands; & que ces ménagemens dépendent plutôt de l'habileté du Jardinier, que des regles qu'on pourroit prescrire à cét égard, il n'est pas necessaire de s'étendre davantage sur ce sujet.

Il y a d'autres Pays ou au lieu de chassis de vitres on se sert de cloches de verre qu'on couvre de paille : on les découvre, on les hausse & on les baisse pour donner de l'air, tout de méme que les chassis, & cela fait à peu prés le méme effet.

Il faut prendre garde à sarcler les couches des Melons, & à n'y laisser pas croître de mauvaises herbes, parce qu'ils en prennent aisément le goût, sur tout celuy de rame & de ramberge qui y croissent le plus ordinairement.

Dans les autres Climats qui sont plus chauds & plus secs, on arrose raisonnablement les Melons deux ou trois fois la semaine, pendant les mois de Juin & Juillet : mais en ce-luy-cy où les pluyes sont plus frequentes & le terrein moins sec, cela ne se pratique que rarement.

On seme aussi en ces lieux-là les graines de Melon dans de petites fosses rondes, qu'on a creusées d'un à deux pieds de profondeur, & où on a mis du fumier neuf dans le fond, & d'autre vieux au-dessus, mélé avec de bonne terre. Comme on les seme plus tard que sur les couches, & que la saison est plus chaude en ces Pays-là, on n'y fait presque pas d'autre façon : on les couvre quelque-fois de petites clochettes de verre, qu'on n'y laisse pourtant pas long-temps. On met cinq ou six graines dans chaque rond à une palme l'une de l'autre. Lors que les tiges paroissent & qu'elles commencent à croî-

tre, on arrache les moins fortes &
les plus étiolées, & à la fin on n'y en
laiſſe qu'une ou deux des plus vigoureuſes. Si la ſaiſon ne ſe porte pas
belle, & que l'Eté ne ſoit pas fort
chaud, on ne voit pas beaucoup
de fruit, & il ne s'en treuve que
bien peu de bon : mais ſi le temps
eſt favorable, cette maniere de
Culture, preſque ſans artifice, donne de meilleur fruit, & en plus
grande abondance que tout ce qu'on
en peut recueillir ſur les couches.
Il ne faut pas neanmoins manquer
d'arréter les bras, de ſarcler, de
mouver la terre pour luy donner
un petit labour, ſur tout aprés
qu'elle a été battuë par de grandes
pluyes, ou par pluſieurs arroſe-
mens.

F I N.

CATALOGUE

Des Livres nouveaux qui se trouvent à Liege chez Jean Francois Broncart en Souverain-Pont.

Lettres de S. Augustin traduites en François sur l'Edition nouvelle des Peres Benedictins de la Congregation de S. Maur 8. 6. vol. Paris.

Les Sermons de S. Augustin sur le Nouveau Testament trad. par le méme 8. 2. vol.

Les livres de Ciceron, de la vieillesse & de l'amitié, avec les Paradoxes du méme Auteur trad. en Francois avec des notes & des sommaires des chapitres 12.

La Mort des Elûs, ou Exercice Chrétien pour se preparer à bien mourir, 16. Paris.

Soliloque de S. Augustin trad. n. sur l'ed. des PP. B. de la C. de S. Maur, 12 Paris.

De l'Imitation de J. C. trad. n. dediée à Mad. la D. de Bourgogne 12. Paris.

La conduite de l'homme Chrétien dans les divers états de sa vie, & dans les differentes dispositions de son ame 12. Paris.

Caractere des faux devots ou les illusions du faux zele. 12. Paris.

Entretien spirituel pour instruire & consoler les malades dans les differens états de leurs maladies par Pontas. 12. 2. vol. Paris.

Le Chemin Royal de la Croix enrichi de figures. 8. Paris.

Exercice Chrétien & interieur pour une ame penitente. 12. Paris.

Histoire des Amours du Duc de Nemours & de la Princesse de Cleves. 12.

Reflexions Chrétiennes sur les conversations du monde. 18.

L'Art de bien parler François, qui comprend tout ce qui regarde la Grammaire, & les façons de bien parler douteuses. 12. 2. vol.

Oeuvres spirituel. de D. Jean de Palafoix. 18. n. Edition.